AUMENTA TU CONFIANZA CON PNL

Ian McDermott

Aumenta tu confianza con PNL

Técnicas de programación neurolingüística para ganar seguridad y optimismo

URANO

Argentina - Chile - Colombia - España
Estados Unidos - México - Perú - Uruguay - Venezuela

Título original: *Boost Your Confidence With NLP – Simple Techniques For a More Confident and Successful You*
Editor original: Piatkus, An imprint of Little, Brown Book Group, An Hachette UK Company, Londres
Traducción: Roc Filella Escolà

1.ª edición Enero 2011

Aribau, 142, pral. – 08036 Barcelona
www.edicionesurano.com

ISBN: 978-84-7953-765-4
Depósito legal: NA-2896-2011

Fotocomposición: Pacmer, S.A.
Impreso por: Rodesa, S. A. – Polígono Industrial San Miguel
Parcelas E7-E8 -31132 Villatuerta (Navarra)

Impreso en España – *Printed in Spain*

Para Paulette,
que tuvo la seguridad
de confiar en su corazón

Índice

Agradecimientos

Este libro no existiría de no ser por la iniciativa de Gill Bailey, que me convenció de que realmente debía ponerme a escribirlo. Gill lleva casi treinta años encargando trabajos y dando sabias ideas a toda una generación de escritores. Me considero afortunado de haber sido uno de ellos durante los últimos diez años. Le deseo todo lo mejor en su nuevo cargo, supuestamente más relajado, de asesora de ediciones.

Gracias también al excelente equipo de Piatkus, en especial a Rebecca Woods y Karen Ings, por su estímulo, cariño y atención constante. Ha sido un placer trabajar con vosotras.

El campo de la PNL no sería una realidad sin la creatividad innovadora, en primer lugar, de sus fundadores, Richard Bandler y John Grinder, y, después, de mis amigos y colegas en la PNL que tanto han contribuido al estudio de la excelencia desde finales de los pasados años setenta. Gracias a todos ellos por sus aportaciones, de las que este libro, naturalmente, se sirve, pero también por el placer de trabajar y crear juntos. Gracias también a mis clientes y alumnos, que me animan a menudo a desarrollar algunas de las herramientas que el lector está a punto de empezar a utilizar.

Por último —y siempre—, está mi esposa Paulette, que tiene que vivir con un hombre con una misión. Como siempre, gracias por ayudarme a poder ayudar a los demás.

Acerca del autor

Ian McDermott es la persona que unió la PNL y el coaching. Es la mayor autoridad mundial sobre el coaching con PNL, y autor del capítulo sobre éste en el manual estándar *Excellence in Coaching* dirigido al mundo empresarial.

Ian es el fundador de los Seminarios Docentes Internacionales (ITS, International Teaching Seminars), que celebraron su vigésimo aniversario en 2008. ITS es un líder mundial de la formación sobre PNL y coaching, el principal recurso de más de cien de las más importantes empresas y organizaciones del mundo. Los clientes se reparten en amplio abanico entre los sectores público y privado, incluidas organizaciones benéficas y ONG.

Líder empresarial con visión de futuro, Ian dedica gran parte de su tiempo a la próxima generación de ejecutivos, monitores de coaching y profesionales de la PNL. Con el Coaching Ejecutivo de los ITS, Ian y un grupo selecto de especialistas se centran en el estudio de cuestiones estratégicas, la creatividad y la innovación. La obra de Ian se recoge en el curso del Máster en Administración Empresarial (MBA) «Creativity, Innovation and Change» de la Universidad Abierta.

Considerado uno de los diez principales especialistas en coaching de Gran Bretaña, y calificado como «el coach de los coaches» (*Independent*), Ian sigue trabajando con personas que quieren hacer realidad el cambio. Psicoterapeuta titulado del Consejo del Reino Unido para la Psicoterapia (UKCP), y miembro desde hace muchos años de la Society of Authors, es coautor de algunos de los libros más leídos y apreciados sobre la materia, entre ellos *Way of NLP; PNL para directivos; Introducción al pensamiento sistémico; NLP and the New Manager; Manage Yourself, Manage Your Life; Brief NLP Therapy; The NLP Coach; The Coaching Bible; Tu coach interior* y *PNL para la salud*. Sus libros se han traducido a quince idiomas.

Es también el fundador del Instituto de la Confianza.

Introducción

La experiencia te dice lo que has de hacer;
la confianza te posibilita hacerlo.
STAN SMITH, profesional del tenis

Iba a sentarme a escribir esta introducción, cuando sonó el teléfono. Era uno de mis clientes, el director de un gran instituto estatal de investigación del Reino Unido. En el transcurso de nuestra conversación, me habló de una reunión en Whitehall* a la que acababa de asistir, y en la que había propuesto que se creara un nuevo sistema que en última instancia le habría dejado sin empleo, a él y a varios directores. Los jerarcas le habían mirado horrorizados, pero como decía mi cliente: «No me asusta tal posibilidad, porque estoy seguro de que siempre podría encontrar otro trabajo, y todo gracias a las habilidades de PNL que he adquirido».

Muchas veces las personas nos contenemos porque tenemos miedo: miedo de fracasar o de parecer estúpidos, miedo de que se nos rechace, miedo de perder lo que más estimamos, sea un empleo, una relación o simplemente una rutina familiar. La confianza, la seguridad en nosotros mismos, nos permite imponernos y *vivir.* Por esto es tan importante. No es un extra opcional ni la guinda del pastel. Se parece más a un ingrediente mágico que traba todos los demás. Y cuando falta, en casos extremos, es cuando la persona dice que se siente como si se viniera abajo.

La confianza es más que un estado de ánimo: es una forma de pensar. Vivir con confianza es, en resumidas cuentas, una forma de ser. En este libro nos ocuparemos de los tres aspectos: cómo *sentirse seguro de uno mismo*, cómo aprender la habilidad de *pensar con confianza* y cómo saber *vivir con confianza.*

* Centro de la Administración del Estado británico. *(N. del T.)*

Cuando empecé a rumiar la idea de la confianza en nuestra vida cotidiana, lo que realmente me impresionó es que ningún otro concepto humano que se me pueda ocurrir, ninguno, influye más en nuestra vida, todos y cada uno de los días. No existe ninguna interacción humana, con otras personas o con nosotros mismos, donde la confianza, de una forma u otra, no desempeñe un papel.

Pensemos en una experiencia cualquiera, aunque sea rutinaria; decidimos salir a comprar y confiamos plenamente en que a) el coche arrancará y nos llevará a la zona comercial, b) las tiendas estarán abiertas, c) no nos rechazarán la tarjeta de crédito, porque d) nos han pagado este mes. Todos estos supuestos son indicadores de lo que razonablemente podemos pensar que va a ocurrir. La mayoría de las personas no se detienen a pensar en estos factores, porque confían en que pueden contar con que el mundo funcione así.

Imaginemos una experiencia más profunda: tu pareja y tú decidís tener un hijo porque confiáis en que a) podéis, b) contáis con lo que se necesita para ser buenos padres, c) el embarazo no será peligroso, d) tendréis un hijo sano e) que se hará mayor, y f) ser padres será gratificante, porque de lo contrario es seguro que la gente sólo lo haría una vez, y no más. ¡Es mucho suponer! Algo de lo que damos por supuesto —c, d y e— le hubiera parecido una auténtica locura a cualquier ser humano que viviera, pongamos por caso, en 1900. De modo que las suposiciones que hacemos dicen mucho de la confianza que tenemos en que el mundo en que habitamos funcione como funciona.

La confianza es el aglutinador o la moneda de cambio principal de todas las acciones, interacciones e interpretaciones humanas que consigo imaginar. No es sólo algo que necesites si sales con alguien —¡aunque ayuda!—. Como decía, *no* es un extra opcional. Esto es lo que me impulsó a crear el Instituto de la Confianza, que se dedica a promover la confianza como habilidad que se puede aprender.

Para orientarte en lo que vas a leer, déjame que te explique cómo está organizado el libro. Consta de tres partes. En la primera parte, «Construir la confianza», pretendo explicar los beneficios específicos que te reportará tener más confianza en ti mismo. En el capítulo uno, expongo algunos de los secretos mejor guardados del estudio del comportamiento humano, conocidos como Programación Neurolingüística (PNL). En el capítulo dos, empezaremos a centrarnos en los diferentes tipos de confianza y en averiguar qué herramientas serán más útiles para desarrollarla. Con esto te será mucho más fácil obtener resultados. También hablaremos de cuánta confianza es suficiente y cuánta es excesiva. El exceso de confianza en uno mismo puede alimentar la autocomplacencia y la arrogancia, cuyas consecuencias pueden ser nefastas, como bien se vio en la desastrosa catástrofe económica que se inició en 2008. En el capítulo tres, utilizaremos la Rueda de Equilibrio de la Confianza para analizar tu confianza en este preciso momento y saber cómo puedes introducir importantes mejoras en la confianza en un aspecto de tu vida mientras te ocupas de lo que ocurre en otro.

En la segunda parte, «La confianza aplicada», quiero mostrarte cómo puedes desarrollar la que denomino «confianza todoterreno». El coche todoterreno puede ir por casi cualquier superficie y en casi cualesquiera condiciones climáticas. ¿No sería estupendo que pudieras discurrir por el accidentado terreno de la vida con esa misma robusta versatilidad? Para ello necesitas conocer los Cuatro Pilares de la Confianza y las Cuatro Llaves de la Confianza. Así te será más fácil salirte de tu zona de comodidad y afrontar con seguridad cualquier tipo de reto. Esto es lo que haremos en el capítulo cuatro.

En los capítulos cinco y seis, te mostraré técnicas específicas de PNL para construir la confianza en las relaciones y en tu vida profesional, respectivamente. Después, en el capítulo siete, me centro en la confianza, la salud y la riqueza, y en cómo interactúan. Tu salud *es* tu riqueza, en un sentido muy real. Tienes el poder de hacer algo con una y otra, y te iré enseñando cómo.

La tercera parte, «Vivir con Confianza», abarca los tres temas de que nos hemos ocupado hasta el momento, incluidas todas las técnicas del *how to*, para considerarlos en el contexto más amplio de una vida bien vivida —lo que esto significa para ti y lo que va a costar conseguirlo—. Todo el mundo tiene altibajos en la vida, así que si vas a vivir con confianza, entonces, paradójicamente, necesitas saber qué hacer si la confianza te abandona. En el capítulo ocho encontrarás las herramientas y las técnicas que necesitaréis, tú y quienes te rodean, en esos casos.

Tener cierto conocimiento del viaje que es tu vida es también una parte esencial del vivir con confianza. El capítulo nueve está dedicado a lo que se conoce como «Viaje del Héroe», ¡donde el héroe eres tú! Por último, vivir con confianza implica invariablemente saber ver más allá de nuestro pequeño mundo, y tener la capacidad de participar en un juego de mayor alcance. Esto es lo que suele hacer que la vida sea realmente plena. Y quienes viven una vida plena están siempre seguros de sí mismos. Por esto el capítulo diez analiza «La confianza en ver el cuadro completo». Deseo acabar estudiando contigo lo que sentirse realizado y, en consecuencia, la confianza, significan para ti.

Como ocurre con cualquier habilidad, construirte una confianza va a requerir práctica. No vas a terminar de leer este libro y, de repente, te despertarás por la mañana con un nuevo resplandor de confianza, místico y perdurable. Para subir tus propios niveles de confianza, y para hacer que duren, vas a tener que completar los ejercicios que he incluido a lo largo del libro. Algunos son técnicas que hemos desarrollado mis colegas y yo, otros los he elaborado para atender las necesidades de clientes con los que trabajo. Todos tienen una cosa en común. Son ejemplos de PNL en acción, porque ofrecen un sistema progresivo, de paso a paso, que deriva de la observación de la mejor práctica en aquellos que la demuestran. Como iremos viendo más adelante, la PNL pretende modelar la excelencia, es decir, buscar lo que funciona y luego averiguar qué es lo que hacen realmente la persona o la organización para sobresalir. Cuando lo hayamos averiguado, podremos comprobar nuestra hipótesis y si pasa la prueba dispondremos de algo que podremos enseñar a otras personas que quieran mejorar su rendimiento en el mismo campo.

Por esta razón, está bien ocupado el tiempo que dediques a los ejercicios. Se han ensayado y comprobado, y después de hacerlos estarás mucho mejor preparado para todo lo que se te pueda cruzar en el camino en el futuro. Así, una forma de imaginar la confianza es como una especie de vacuna contra los problemas. Cuanto más seguro estés de ti mismo, cuanta más sea tu confianza, mejor sabrás comportarte. Cuanta más confianza tengas, más podrás ser de verdad quien realmente eres. Y esto es bueno para ti y es bueno para el mundo.

También es lo que me ha animado a dedicar los últimos treinta años a trabajar con personas. En este tiempo, he visto a muchas personas que han avanzado en la confianza en sí mismas y han llegado a ser lo que realmente podían ser. Si quieres conocer mejor mi historia profesional, ya te has encontrado con ella en el apartado «Acerca del autor», en la página 13. No obstante, creo que de momento bastarán cuatro apuntes, porque tengo muchas ganas de empezar.

Hace más de veinte años, fundé los Seminarios Docentes Internacionales (ITS), una organización que ha obtenido un extraordinario éxito como pionera de la aplicación *práctica* de la PNL a muchos campos del desarrollo personal y de las organizaciones. Luego uní la PNL y el coaching —consulta mi libro *The NLP Coach*— para crear lo mejor de ambos mundos. Ello despertó un grandísimo interés. Desde entonces, dedico la mayor parte del tiempo a la formación de la próxima generación de profesionales y a dar asesoramiento a grandes organizaciones sobre cómo poner en funcionamiento estas asombrosas formas de trabajar. Ahora quisiera compartirlas contigo.

IAN MCDERMOTT, 2010

PRIMERA PARTE

CONSTRUIR LA CONFIANZA

1

Los frutos de la confianza

Cultívate a ti mismo

No hace mucho, una modelo estadounidense lanzó un nuevo perfume llamado Chosen (Escogida). Era, decía, el primer perfume que atrapaba la «fragancia» de la confianza, y las mujeres que se lo pusieran, como ella, habían sido *«escogidas para avanzar seguras de sí mismas»*. Por menos de veinte dólares, la mujer podía conseguir toda la confianza que necesitaba para enfrentarse al mundo. La confianza atrapada en una pequeña botella muy chic: todo lo que tenía que hacer la mujer era aplicarse un poquito, nada más. Del mismo modo, David Beckham, el icono del fútbol, con su marca de colonia para hombre llamada Instinct, se sirve de los frutos de la confianza. En la campaña de marketing se prometía que el perfume daría al hombre *«confianza en su masculinidad»*.

Se diría, pues, que la confianza es un producto muy deseable tanto para el hombre como para la mujer. Pero tratar de aplicarte un poco con atomizador probablemente no te procurará lo que buscas. La razón es que la confianza procede del interior.

En este libro quiero mostrarte que puedes forjar la confianza, en ti mismo o en los demás, en fases fáciles y manejables. También quiero presentarte las diferentes dimensiones de la confianza, para que puedas personalizar lo que hacemos, aplicarlo a tus circunstancias. Además quiero proporcionarte un montón de herramientas específicas con las que podrás avanzar fácilmente y, me atrevo a decir, con confianza.

Pero antes de ocuparme de todo ello, quiero dejarte claro exactamente por qué creo que la confianza es tan importante en nuestra vida tanto personal como profesional.

La mejor forma que tengo de hacerlo es observando lo que ocurre cuando no existe confianza. La falta de seguridad en nosotros mismos nos hace sentir inestables. Y esto es así, ya se trate de una falta de confianza en nosotros mismos o de falta de confianza en los demás. Si te sientes inseguro, es difícil entregarte resuelto a lo que deseas, un hecho que se repite ya sea que se trate de un compromiso emocional con una relación amorosa, o de uno económico ante una oportunidad nueva en los negocios.

En última instancia, sin embargo, la confianza no tiene nada que ver con la posibilidad de vivir una vida como la de cualquier famoso extrovertido; se trata de saber vivir plena y libremente como *uno mismo.*

La confianza. Los auténticos beneficios

Una mayor confianza puede provocar realmente cambios profundos. Llevo treinta años trabajando con clientes, personas o empresas, y he sido testigo presencial de estos cambios. Mientras reunía el material para escribir este libro, decidí hacer una lista de los cambios más importantes que había visto a lo largo de los años. Yo mismo me sorprendí al juntar todas esas experiencias. Es lo que me llevó a fundar el Instituto de la Confianza. Creo que estarás de acuerdo en que lo que la confianza nos puede proporcionar es realmente extraordinario.

Imagínatelo así: supón que te ofrecen un producto del que se obtuvieron buenos beneficios, ¿te interesaría?

- Sabes ser tú mismo, en lugar de intentar ser quien crees que los demás esperan que seas.
- No tienes por qué simular que estás de acuerdo con los demás cuando no lo estás en lo más mínimo.
- Sabes manejar los retos.
- No tienes miedo de retarte a ti mismo.
- No vives ya con el miedo de que se te considere fuera de lugar o inapropiado.
- Puedes dejar de preocuparte de quedar mal.
- Puedes vivir sin incertidumbre.
- No tienes por qué simular que tienes todas las respuestas.
- Sabes desenvolverte ante lo inesperado.
- Puedes dejar, para siempre, de buscar la aprobación de los demás.

- Puedes ser más inquisitivo, porque no tendrás miedo de hacer preguntas ni de demostrar que no siempre sabes la respuesta.
- Sabrás tomarte las cosas menos en serio.
- Serás más dado al optimismo.
- Tendrás mejor salud; los estudios de psiconeuroinmunología demuestran que el grado de confianza afecta directamente al sistema inmunitario.
- Tendrás mayor capacidad de recuperación cuando las cosas se tuerzan.
- Sabrás desenvolverte mejor ante tus propios errores y los de los demás.
- Sabrás perdonarte y perdonar a los otros.
- Darás la impresión de ser más humano, porque no necesitas ser perfecto.

Y por si todo esto no bastara, piensa que sólo si tienes confianza en ti mismo te puedes comprometer *sin reservas* a cualquier cosa.

Evidentemente, tu grado de confianza no te afecta sólo a ti; puede influir en cómo piensan, se sienten y actúan *otras* personas, e incluso hacer que hagan las cosas de otra forma. Existe, por decirlo de alguna manera, una moneda de la confianza con la que todos comerciamos a diario. Como ocurre con cualquier otra moneda, el tipo de cambio puede variar de un día a otro. Todo depende de cómo nos manifestamos y de cómo nos perciben los demás.

Por qué la PNL es la mejor herramienta para construir la confianza

Si quieres ganar seguridad en ti mismo, la PNL te será de gran utilidad, porque puede proporcionar las herramientas prácticas y las técnicas escrupulosamente comprobadas que rinden beneficios. ¿Qué es, pues, la PNL, la Programación Neurolingüística?, quizá te preguntes.

Programación: Repetir pautas o patrones de pensamiento y conducta que nos ayudan o entorpecen.

Neuro: La relación entre la mente y el cuerpo y cómo funciona.

Lingüística: El lenguaje que utilizamos para describir e interpretar nuestro mundo.

Como el nombre indica, es una síntesis de distintas disciplinas. La manera en que utilizamos la mente y el cuerpo afecta a nuestro comportamiento y produce patrones que funcionan como programas informáticos en nuestra vida, para bien o para mal. La PNL se fija en cómo lo hacemos. Se interesa por la mecánica de nuestra experiencia, porque cuando comprendemos cómo hacemos una determinada cosa, contamos con el poder de cambiar o de mejorar nuestra actuación. De modo que si supiéramos *cómo* nos las arreglamos para sentirnos pletóricos (o hundidos), podríamos mejorar nuestro estado de ánimo; si supieras *exactamente* qué hiciste para conseguir ese empleo, lo podrías repetir en el futuro; pero, por la misma regla, si supieras *cómo* hacen otros para que les sea fácil recordar el nombre de las personas, también tú podrías aprender a hacerlo; si supieras cómo se las ha arreglado alguien para salir de la adversidad, podrías aprender a hacerlo tú también.

Una de las auténticas aportaciones que la PNL puede hacer es responder a la pregunta: ¿cómo *haces* esto? Y te puede proporcionar las herramientas y las técnicas para averiguarlo tú mismo. Así pues, la PNL se ocupa del aprendizaje de los *how to*, de los cómo hacer algo, de modo que lo que pueda hacer una persona puedan aprenderlo a hacer otras. Una idea que es de aplicación al aprendizaje de cómo tener más seguridad en uno mismo, de la misma forma que se aplica a la capacidad de recordar el nombre de otras personas.

Se suele definir formalmente la PNL como «el estudio de la *estructura* de la experiencia subjetiva». De manera que si trabajo con alguien que no tiene mucha seguridad en sí mismo, quiero saber *cómo* se las arregla sin tener mucha confianza. Si, como me ocurrió con un cliente, imaginas que vas a conocer a unas personas, y te proyectas en la cabeza una película en que te dan la espalda, y si la banda sonora de esta película es tu propia voz que dice: «Nunca sabrás desenvolverte en estas situaciones», cuentas con una eficaz estructura para socavar tu propia confianza. La estructura es la película y la banda sonora. Si cambiamos el contenido de esta película y lo que te dices a ti mismo en su banda sonora, tendrás una experiencia completamente distinta. La estructura —es decir, la película + la banda sonora— sigue siendo la misma, pero el contenido es muy diferente.

Durante la mayor parte de su historia, la PNL se ha distinguido también por buscar aquello que funciona y hallar modelos de excelencia. Por esta razón, la otra definición formal de PNL es «el estudio de la excelencia». Así pues, si quieres saber cómo sentirte más seguro de ti mismo, la PNL te indicaría que no emplees el tiempo en estudiar a personas que no tienen confianza. Hay miles de formas de no confiar en uno mismo. Busca, en su lugar, personas que se sientan seguras de sí mismas, sea porque lo son de forma «natural», sea porque han aprendido a serlo. En cualquier caso, lo que queremos preguntarles a unas y otras es: *¿cómo lo hacéis?* Ésta es la pregunta de la PNL. Queremos conocer los *how to* de la confianza. Y de esto trata lo que resta del libro.

Para entender el mundo, entre otras cosas, creamos lo que en la PNL llamamos modelos de realidad. Basta con observar cómo actúa el niño para darse cuenta del proceso que se produce cuando se intenta comprender el mundo. Y lo seguimos haciendo a lo largo de la vida: tenemos una experiencia y de ella sacamos unas conclusiones. Una clienta cuyo amor de la adolescencia la había engañado sacó la conclusión de que todos los hombres son unos infames. Éste era el modelo por el que a partir de entonces se regía, y se sorprendió al darse cuenta de que, efectivamente, los hombres que había escogido eran viles. La razón de que estos modelos sean tan importantes es que seguimos actuando en el mundo *como si* nuestros modelos fueran acertados. El modelo que tenemos de cómo funcionan las cosas puede fortalecer o minar nuestra confianza.

* * *

La PNL nació en la década de 1970. Desde entonces, hemos estado estudiando a personas y organizaciones que son modelos de excelencia. Invariablemente, lo que se ha descubierto se ha estructurado a continuación en estrategias y técnicas que se puedan enseñar a cualquiera que desee aprender a sobresalir, a hacerse con la excelencia. He descubierto que algunas de estas técnicas son particularmente efectivas para estimular y aumentar la confianza en uno mismo, por esto quiero mostrarte la forma de aprenderlas y aplicarlas.

Pero antes de seguir quiero hacerte una pregunta de PNL fundamental: ¿qué quieres obtener realmente de este libro? Tener claros los resultados que esperas es esencial para el éxito. Una de las características distintivas de las personas que alcanzan sus metas es que saben de verdad cuáles son éstas. Esto significa que saben qué aspecto tendrá ese objetivo y cómo sonará, y cómo se sentirán cuando lleguen a donde pretenden. Pueden imaginarlo ahora, y esto ayuda a su cerebro a mantener el rumbo en la dirección deseada. Ponerle a ese objetivo un marco temporal es también algo que las personas que logran lo que se proponen hacen de forma invariable. Si no cuentas con un resultado que hayas formulado, es mucho más probable que las circunstancias externas te desvíen del camino. Así que tómate un minuto y deja claro el viaje de confianza que quieras emprender.

EJERCICIO: **Fíjate tus objetivos**

Para aclarar qué es lo que quieres y cómo sabrás que lo has conseguido, completa las frases siguientes:

Estoy leyendo este libro porque . . . .
De modo que el resultado que espero es . . . .
Sabré que lo he conseguido porque
 veré . . . .
 oiré . . . .
 sentiré . . . .
Al terminar este libro, quiero . . . .
. . . .

Bastará con que empieces a sentir mayor curiosidad sobre ti mismo y a prestar más atención a las consecuencias y los efectos de lo que haces, para que comiences a percatarte mejor de lo que funciona (y, desde luego, de lo que necesitas desechar). Con ello puedes empezar a poner en práctica tus virtudes. Se trata de la PNL en acción, y cualquiera lo puede hacer. Mientras vayas afinando esta destreza, puedes empezar a aplicarla a forjar la confianza. Utiliza todos tus sentidos —vista, oído, tacto, olfato y gusto— para conseguir esta información. A medida que avancemos por el libro, te enseñaré cómo hacerlo.

Es prácticamente seguro que considerarás útil ser capaz de examinar el mundo desde una serie de perspectivas diferentes. Te daré una técnica concreta para que lo puedas aprender como una habilidad. Las personas seguras de sí mismas no necesitan ser dogmáticas; saben ver distintos puntos de vista. Cuanto más flexible sepas ser al analizar una situación, más información podrás reunir, y más serán las posibilidades que descubras. Lo más importante de tener diversas opciones es que automáticamente confiere más confianza. ¿Qué confianza puedes tener cuando te encuentras con el camino bloqueado y una única salida?

Mi consejo es que siempre te des tres oportunidades u opciones, y que sepas cuál es realmente el resultado que prefieres. De este modo, la conducta que decidas puede propiciar ese resultado. La conducta humana es siempre un medio para alcanzar un fin. Por esto, en cualquier situación, es realmente útil que sepas cuál es ese fin que te has propuesto. Saber que eres algo más que tu conducta va a marcar una gran diferencia en tus niveles de confianza. Por esto, más adelante dedicaremos cierto tiempo a que te conozcas, de forma que tengas una relación más clara y profunda contigo mismo. Al fin y al cabo, si no confías en las relaciones que tienes contigo mismo, ¿cómo puedes esperar sentirte seguro en las relaciones con los demás?

Sé realista en lo que a tu confianza se refiere

Nadie, repito, nadie está siempre y en todas las situaciones seguro de sí mismo. Puedes sentir más (o menos) confianza en ciertas circunstancias, o sentirte más (o menos) seguro de ti mismo un determinado día. Así es, sencillamente, como eres. Unos días otras personas tendrán más o menos confianza en sí mismas, en ti y tus aptitudes, y tú en las suyas. Es la moneda de cambio de la confianza; son éstos los tipos de cambio siempre mudables de la confianza.

Sabes que tu opinión sobre un compañero de trabajo puede cambiar en función de la competencia con que consideres que afrontó un determinado reto. Puedes tener más o menos confianza que antes en sus aptitudes o, para el caso, puede que ellos la tengan también mayor o menor en las tuyas. Lo mismo ocurre en el ámbito nacional y el internacional. Acuérdate de la inseguridad generalizada que resultó de la pérdida global de confianza en las entidades financieras en los años 2008 y 2009. Supuso una pérdida decisiva de confianza en los negocios, y fue a la gente corriente a quien se le pasó factura.

Cuando ocurren estas cosas, las personas agudizan la conciencia de que viven en tiempos revueltos, pero la verdad es que la pérdida de confianza nunca es sólo en la economía. Gran parte de ese desconcierto hay que buscarla dentro de *nosotros*, porque las personas experimentamos mayores niveles de estrés, inquietud y ansiedad. En esos tiempos, la confianza personal adquiere todo su auténtico valor.

Para la mayoría de las personas, la confianza es un sentimiento. Si la posees, puedes mover montañas. Si no, lo más probable es que te desalientes. Pero la confianza también es una forma de pensar. Lo que pienses de los retos que se te plantean afecta a lo que sientes sobre ellos. Por esto vamos a dedicar cierto tiempo a aprender a pensar de forma distinta.

Si tienes interés en estimular e incrementar tu confianza, tus pensamientos van a ser tan importantes como tus sentimientos. Lo que pienses de ti mismo afecta profundamente a que creas en ti. Por consiguiente, será importante observar el tipo de pensamientos que tienes, y si aumentan o no tu confianza. Tomemos, por ejemplo, tu diálogo interior: cómo te hablas dentro de ti. ¿Te estimulas y analizas de forma realista, o te criticas, te menosprecias y te censuras? ¿Y qué tono de voz empleas? Ese tono puede hacer que te sientas desdichado o alentado.

La confianza, sea una sensación de seguridad en nosotros mismos o en los demás, desempeña un papel esencial en cómo interactuamos y nos comunicamos mutuamente. Y así ocurre por igual en una gran institución financiera o en una persona determinada. La confianza hace que creamos en la existencia de algo concreto y estable donde nos podemos apoyar y, a su vez, nos da una realidad en la que podemos confiar.

Lo que la confianza puede hacer es mejorar tu capacidad de manejar lo inesperado. No es fácil mantener la confianza cuando parece que todo se derrumba a tu alrededor, pero es posible. El secreto es comprender que la confianza no tiene nada que ver con el control. Sabes que existen gigantescas fuerzas globales que no puedes controlar. También, en nuestra vida personal, las hay que quizá quisiéramos cambiar, pero que de verdad nunca podemos controlar. Sin embargo, si tienes confianza en ti mismo, no será necesario que intentes controlar el mundo ni a los demás, y podrás empezar a configurar tu propio mundo.

En momentos de transición solemos tener menos confianza, porque las viejas formas ya no bastan, y las nuevas no están aún asentadas o no nos son familiares. Si alguna vez has cambiado de profesión o has ejercido alguna por tu cuenta, sabrás a qué me refiero. Es parte también de lo que les ocurre a los adolescentes: no quieren que se los trate como niños, pero tampoco quieren asumir toda la carga de la responsabilidad del adulto. Algo similar puede suceder en las corporaciones que se encuentren en momentos de transición o que se estén reinventando: pueden existir incertidumbre, inseguridad y pérdida de confianza.

Así pues, la confianza está en un estado de fluctuación constante. Cuando voy a trabajar con una persona, un equipo o una empresa, me es útil saber qué es lo que desencadena estas fluctuaciones. Por esto a menudo les pregunto qué es lo que socava su confianza, y qué lo que la estimula.

A veces es algo evidente. Imaginemos a alguien que al despertarse por la mañana se encuentra con que ha perdido el empleo, su socio se ha largado y el médico ha llamado para decirle que los análisis confirman que padece una enfermedad grave. No nos extrañaríamos lo más mínimo de que su confianza cayera en picado.

Lo mismo ocurre en círculos mayores: acontecimientos exteriores, como la recesión económica, pueden desencadenar una pérdida de confianza repentina y devastadora, tanto en el ámbito individual como en el colectivo. De modo que tu grado de confianza no tiene que ver únicamente contigo, sino que guarda relación con las circunstancias cambiantes en que te encuentras.

* * *

Al iniciar este viaje, quizá te quieras preguntar también si hay algo que te vaya a dar mayor apoyo a medida que desarrolles y perfecciones las habilidades de la confianza. ¿Existen personas, actividades, rutinas y rituales que te vayan a ayudar, y cómo vas a asegurarte de que los haya en tu vida? Deja que te ponga un ejemplo personal. Prácticamente toda la vida he trabajado por mi cuenta. Fui consciente desde el principio de que afrontar tal circunstancia me sería mucho más fácil si gozaba de buena salud y me sobraban las fuerzas. Por esto hago muchas cosas que mejoran mi salud y bienestar. Por ejemplo, acudo a la acupuntura cada quince días desde hace veinte años, porque me va realmente bien. Me da fuerza y fortalece mi confianza. ¿Hay algo similar en tu caso? ¿Puedes disponer de ello cuando lo necesitas?

Por último, un aspecto esencial de la actitud realista ante la confianza es entender que ésta se muestra de formas muy distintas, posiblemente de muchísimas más de las que jamás hayas imaginado. Se necesita confianza, por ejemplo, para pedir y aceptar orientación, y para admitir, sin incomodidad alguna, que no lo sabes todo. Una amiga periodista me dijo en cierta ocasión que la mejor técnica que aprendió para tratar con los editores, sobre todo en los inicios de su carrera profesional, fue la de no ponerse nunca a la defensiva cuando le hacían más preguntas de las normales sobre sus artículos y reportajes. Se hizo adepta al: «No lo sé, pero lo puedo averiguar». La querían precisamente por esto. En este mismo sentido, un alumno mío que trabajaba en el servicio de correos británico me habló de una jornada de formación a la que asistió y en la que, extrañamente, era la persona mayor, en veinte o más años, de los presentes. Los más jóvenes creían que debían simular siempre que ya lo sabían todo, en cambio él tuvo confianza para hacer preguntas. Los primeros tenían miedo de hacer el ridículo, pero él se pasó el día bombardeando al profesor con preguntas, algo que le resultó agradable y productivo.

Los Estados Unidos de la confianza

Del mismo modo que te puedes crear una mayor autoconfianza, puedes capacitar a los demás para que también lo consigan. *Inspirar* confianza en los demás es dejar una impronta perdurable. Puede ser un extraordinario legado. El eslogan «Sí, podemos» de la campaña electoral de Barack Obama de 2008 afirmaba la fe en la capacidad de las personas de imponerse a cualquier desafío. Y contiene algo más, un efecto secundario natural de la confianza: el optimismo.

Existen hoy muchos estudios que demuestran la estrecha relación entre el optimismo, la salud y la longevidad. Baste un ejemplo: en un estudio realizado en los Países Bajos en 2004, se vio que las personas optimistas viven un 29 por ciento más que las pesimistas.

Según mi experiencia, la cultura de Estados Unidos es dinámica y optimista por naturaleza. Me suele ayudar mucho preguntar a mis clientes qué tipo de cultura están creando en su familia y su trabajo. ¿Y en tu caso? ¿Dirías que promueves una cultura del optimismo?

La confianza te posibilita ser optimista, no porque todo vaya a ir sobre ruedas, sino porque tienes razón en creer que puedes superar cualquier reto.

Michelle Obama, en su primera gira europea con su marido, habló en el Reino Unido a unas escolares adolescentes. Después, éstas no dejaban de ponerla por las nubes, por lo mucho que las había estimulado a querer, hacer y proponerse más y más. Les dijo que el mundo contaba con que ellas «fueran lo mejor que pudieran llegar a ser».

Éste es el regalo de la confianza. Me gustaría empezar por mostrarte cómo podéis ser tú y quienes te importen lo mejor que podáis llegar a ser.

2

Tipos de confianza

Qué decimos de la confianza

Piensa en todos los diferentes sentidos que le damos a la palabra *confianza*. Por ejemplo, le *confiamos* un secreto a un amigo; damos un *voto de confianza* al trabajo de un colega; realizamos un trabajo *con toda la confianza*; discutimos con alguien que se *ha aprovechado de nuestra confianza*; incluso, si a los demás les es fácil *ganarse nuestra confianza*, caemos en las garras de algún desaprensivo.

Muchas son las situaciones en que la confianza es esencial. Así pues, ¿cuál es la definición formal de *confianza*, una palabra que empleamos con tal variedad de sentidos? En inglés, y según el *Oxford English Dictionary*, la palabra *confidence* [confianza] significa «una fe firme, un sentimiento de certeza y de seguridad; audacia».* La palabra procede del verbo latino *fidere*, raíz también de la palabra *fe*. En inglés existe además la palabra *trust*, que también significa «confianza», aunque se refiere más a la confianza en alguien o algo.

Lee las dos siguientes afirmaciones en voz alta y pregúntate en cuál de esas dos personas depositarías tu confianza:

Tenía una confianza ostentosa que llegaba a cualquier rincón, y disipaba las dudas de los demás.

Tenía una confianza sosegada que hacía que la gente le escuchara, confiara en su juicio y siguiera su consejo.

* Algunas de las acepciones que el *Diccionario de la Real Academia Española* da de la palabra *confianza* son: «Esperanza firme que se tiene de alguien o algo. Seguridad que alguien tiene en sí mismo. Presunción y vana opinión de sí mismo. Ánimo, aliento, vigor para obrar». *(N. del T.)*

¿Te atrae la confianza ostentosa de alguien que ni siquiera sabe oír las opiniones de los demás, o la confianza callada de alguien de quien parece que puedes estar seguro?

Existen realmente distintos tipos de confianza, y cuando empieces a elevar el nivel de confianza que tienes en ti mismo, será importante identificar qué tipo de confianza necesitas y cuál es la que te conviene. Empecemos, pues. Anota los nombres de cinco personas que conozcas y en las que confíes. Quizá confíes en tu pareja en todo lo que a la economía doméstica se refiere; o en que tu jefe acierte al decidir entre dos proveedores aparentemente iguales. Tal vez confíes en que el médico te remita al especialista adecuado. Quizá confíes en que el vecino que se pasa por tu casa a darle de comer al gato siga tus instrucciones, y le dé al animal la cantidad adecuada de comida y a la hora que toca.

Te va a ser útil que empieces a establecer distinciones sobre el grado y el tipo de confianza que tienes en una determinada persona y un contexto dado.

Siempre que lo hago así con mis clientes, se dan cuenta de que podemos tener confianza en alguien en un aspecto de nuestra relación, pero no en otro. Por ejemplo, puede ser que confíes en tu pareja en lo que se refiere a la economía doméstica, pero no en que prepare la comida del sábado. O que confíes en que el vecino se ocupe de tu gato, ¡pero no en que se ocupe de tu pareja!

EJERCICIO: **Diferentes tipos de confianza**

Confío en que . . . . . . va a . . . . porque . . . .
Confío en que . . . . . . va a . . . . porque . . . .
Confío en que . . . . . . va a . . . . .porque . . . .
Confío en que . . . . . . va a . . . . .porque . . . .
Confío en que . . . . . . va a . . . . .porque . . . .

Ahora, todo lo contrario. Piensa en cinco personas que conozcas en quienes no confíes en algún sentido.

No confío en que . . .vaya a . . . . .porque . . . .
No confío en que . . .vaya a . . . . .porque . . . .

No confío en que . . .vaya a . . . . .porque . . . .
No confío en que . . .vaya a . . . . .porque . . . .
No confío en que . . .vaya a . . . . .porque . . . .

Procura concretar cuanto puedas. Por ejemplo, no confío en que mi hija adolescente saque la basura la semana que viene, cuando voy a estar fuera unos días, porque la última vez se olvidó de hacerlo. No confío en que mi mujer no se salga del presupuesto que hemos acordado para este mes. Sé que va a ir de compras con su hermana el fin de semana, se dejará convencer y se comprará otro par de zapatos.

Si te fijas en los resultados de este ejercicio, verás que la confianza, o su falta, se producen en un contexto determinado: la madre que no confía en que su hija saque la basura; el marido que no confía en su mujer en cuestiones de dinero.

La confianza no existe sola ni aislada. Siempre hay un contexto y una relación. Y como ocurre con nuestro grado de confianza en los demás, ocurre también con la confianza en nosotros mismos. Probablemente te sentirás más seguro y confiado en unas circunstancias que en otras. Así que te convendrá que analices cuándo y dónde tienes confianza, y cuándo y dónde necesitas tener más.

La vida como hombre orquesta

Una parte importante de las averiguaciones que hagas sobre tu confianza, tal como se encuentra en este momento, es que te fijes en la que tienes en las personas que te rodean, en casa y en el trabajo.

Por ejemplo, ¿tienes la suficiente confianza para delegar en los demás? Si en el despacho eres incapaz de delegar, ¿qué te dice tal hecho sobre tus colegas y sobre ti? ¿Es que ellos necesitan mejor formación? ¿Es que sencillamente trabajas en un entorno y con unas personas que no son las adecuadas para ti? ¿O necesitas aprender a delegar y fiarte? Asimismo, si sabes que no puedes delegar en casa, pregúntate por qué. Es importante que analices la confianza que tienes en otras personas, porque de lo contrario, si no tienes confianza en nadie más que en ti mismo, si sólo te sirves del autoapoyo, limitarás realmente lo que puedas conseguir. Quizá pienses que confiar en uno mismo es bueno, pero es posible que ello te impida ser un buen jugador de equipo, una actitud cuyos efectos en tu trabajo y tu vida doméstica serán adversos.

Cuando confías de verdad en otras personas y sabes que puedes fiarte de tu propio juicio y apoyarte en todo ello, puedes delegar con éxito y permitirás que los demás lleven a la práctica sus virtudes. Tener más confianza hará que seas más innovador. En el ámbito de los negocios, te puede proporcionar la fuerza que necesitas para asumir más riesgos, y así superar la idea de que eres un empleado que se limita a cumplir órdenes.

También será importante conocer en mayor o menor grado la confianza que los demás tengan en ti, evidentemente. Saber que otras personas confían en ti estimula tu autoconfianza. Significa que cuentas con personas excelentes o aliados que creen en ti y en que conseguirán lo mejor de ti. Cuando empecé a trabajar con un entrenador personal, solíamos hacer los ejercicios de calentamiento para luego subir corriendo una cuesta larga y de mucha pendiente que había cerca de mi casa. Odiaba aquella cuesta, y me aterrorizaba tener que encontrar la energía y la voluntad que me empujaran a seguir corriendo hasta llegar arriba. Pero mi entrenador, que lo sabía —y me conocía bien—, a mitad de la cuesta se giraba y me decía, de aquella forma suave pero segura suya: «¡Vamos, que puedes, Ian!» Y me daba cuenta de que realmente tenía razón. Con ello no sólo aumentaba la confianza que tenía en él como entrenador, sino también la que tenía en mi propio juicio: a medida que íbamos trabajando juntos, era cada vez más evidente que había escogido muy bien cuando decidí contratarlo.

La timidez y la confianza

Nigella Lawson, la popular presentadora de la televisión británica, escritora y periodista, decía que de niña era tímida, y que temía las visitas de los amigos de sus padres, porque significaba que tendría que hablar con personas mayores, una perspectiva que la aterrorizaba. Entonces, ¿cómo ha conseguido una carrera de tanto éxito en la televisión, y llevar una vida sometida a menudo al escrutinio intenso y crítico del público?

«La primera vez que me pidieron que presentara mi propio programa de cocina, mi reacción inmediata fue de miedo —dice—. Pero luego se impuso el entusiasmo. Puse todo mi empeño en quedarme con ese sentimiento de ilusión, y no con el de miedo, porque sabía que me sentiría [más] enojada conmigo misma si decía que no a algo porque me daba miedo, que si lo aceptaba y después fracasaba.»

Como alguien que dice que detrás de su apariencia pública sigue siendo una persona tímida, Nigella comprende que uno debe trabajarse la confianza y encontrar las técnicas que le sean más eficaces: «He descubierto que, en mi caso, hacer las cosas en el último minuto es una buena costumbre cuando no te sientes segura de ti misma».

La timidez no es más que una forma de falta de confianza. Sin embargo, muchas personas que carecen de ésta no dan la impresión de que son tímidas.

Si no tienes confianza en ti mismo, cuando intentes minimizar esta incomodidad y protegerte, te encontrarás con muchas inhibiciones autoimpuestas. Quizá seas de los que no se sienten seguros de decir lo que piensan y, en consecuencia, sufren en silencio. Tal vez no seas una persona firme y enérgica, y pienses que no tienes opiniones propias. Puede que no te sientas seguro entre figuras de autoridad, o simplemente seas tímido en tus relaciones sociales.

El precio que has de pagar por la falta de confianza es un sentimiento de autoinhibición, y muchísimas veces una triste realidad. Te sientas en un restaurante y te sirven la comida fría, pero no tienes suficiente confianza para pedir que la devuelvan a la cocina, y la pagas; en un viaje de negocios, antes de enfrentarte a tener que comer solo, te saltas la comida; te escondes en la habitación del hotel porque no tienes confianza para hacer las cosas por ti mismo. Es posible que te ocurra todo esto, pero ninguna de estas conductas significa necesariamente que seas tímido.

La formación en la confianza puede abordar todas estas diferentes inhibiciones. Es algo similar a usar un músculo de la mano que quizá nunca te habías dado cuenta de que tenías. El músculo existe, pero hay que desarrollarlo, y en este libro aprenderás a trabajar y desarrollar este músculo que es la confianza en ti mismo.

El exceso de confianza

Mucha gente imagina la confianza como ese estupendo atributo tan deseable del que todos queremos más en todo momento. Pero no tiene por qué ser así necesariamente. Recuerda de nuevo el impacto de la reciente crisis económica global, un ejemplo de manual de lo que ocurre cuando las organizaciones y las personas pecan de exceso de confianza en sí mismas. Sí, es verdad, tener más confianza *puede* ser bueno, pero no si lleva a su exceso, porque la confianza desmedida conduce a la temeridad.

El desplome de los mercados financieros fue consecuencia directa de una exuberancia irracional entre quienes habitan en el mundo de las finanzas. Se convencieron a sí mismos de que era posible lo imposible: los mercados simplemente seguirían avanzando. Este exceso de confianza contradecía la propia historia, que bien muestra que no puede ocurrir lo que aquella gente imaginaba.

El exceso de confianza también puede acabar por aburrir. Donde mejor solemos rendir es en el filo de la zona de comodidad de nuestra confianza, donde sabemos que con un suave impulso podemos ascender a nuevos retos y, con ello, adquirir mayor confianza. Nos obliga a sacar la confianza de la zona de comodidad, pero al hacerlo cobramos más seguridad en nosotros mismos porque nos demostramos que podemos manejar lo desconocido.

La confianza natural

Cuando empieces a fijarte en la importancia de la confianza, en la que tienes en ti mismo y en la de los demás, observarás que existen diferentes tipos de confianza y diferentes retos a los que las personas se enfrentan. El niño al que se ha educado para que se sienta seguro en su mundo y entra sin miedo en la habitación es un ejemplo de sana confianza natural.

En los adultos, la confianza natural se puede mostrar como una especie de autodominio que, por sí mismo, inspira confianza en los demás. Es una cualidad que, al tiempo que vayas avanzando con el trabajo que te sugiero en el libro, te iré ayudando a que la desarrolles en ti. Te iré mostrando algunas técnicas, sencillas pero de gran fuerza, de Coaching de la Confianza con la PNL, que puedes incorporar a tu vida cotidiana para lograr ese resultado, animándote a que prestes atención a tus avances, y los registres, en este apasionante viaje hacia un tú con mayor confianza natural.

Para ello tendremos que distinguir entre diferentes tipos de confianza. Una forma muy buena de empezar a hacerlo es usar un conjunto de distinciones de la PNL conocidas como Niveles Lógicos. Los Niveles Lógicos nos ayudan a identificar las estructuras subyacentes y los patrones a menudo ocultos de nuestro pensamiento. En pocas palabras, nos ayudan a comprender mejor lo que realmente ocurre.

Los Niveles Lógicos de la confianza

Cinco son los Niveles Lógicos básicos: la Identidad, la Creencia, la Capacidad, la Conducta y el Entorno. A medida que nos ocupamos de ellos, pregúntate en qué nivel crees que te beneficiaría tener más confianza.

Nivel 1: confianza en el nivel de la Identidad

Es la confianza en ti mismo, en quien eres, y es lo que te da un sentido del «yo». Según mi experiencia, cuando uno llega a conocerse mejor, confía más en sí mismo. En efecto, me atrevería a decir que si realmente deseas sentirte más seguro de ti mismo, una de las mejores cosas que puedes hacer es desarrollar esta relación contigo y llegar a conocerte.

Esta relación, como cualquier otra, es un proceso continuo. Requiere tiempo y atención, por lo que te pregunto: ¿te ocupas suficientemente en cultivar esta relación contigo mismo y le dedicas la atención y el tiempo que requiere?

Muchas personas tienen miedo de que si empiezan a escarbar más profundamente, encontrarán en su interior cosas poco agradables, o sencillamente desagradables. He trabajado como coach literalmente con miles de personas, y puedo afirmar sin reserva alguna que no me he encontrado aún con nadie a quien se pueda calificar así. Todo lo contrario, es más frecuente que las personas se sorprendan agradablemente de lo que hallan en su interior. Sorpresa que en unos casos las emociona y en otros las desconcierta, pero tengo aún que encontrarme con alguien a quien le horrorice o le consterne.

Esta realidad tiene una importancia increíble para la confianza, porque significa que no tienes que huir de ti mismo.

La falta de confianza en el nivel de la Identidad se puede manifestar de diversas maneras. Tuve una vez una clienta a quien los negocios le iban muy bien y, además, era una magnífica cocinera. Ella y su marido habían decidido no tener hijos, y llevaban años felizmente casados cuando ella se apuntó a una de nuestras clases de confianza. En ella se le escapó que se negaba a dejar que su marido cocinara porque, si aprendía a hacerlo, ya no la necesitaría.

Una forma de asegurarse de que a uno le necesiten es no dejar que los demás sepan hacer lo que uno sabe hacer, pero es una forma de vida dura, por el miedo constante a que haya que satisfacer más necesidades de las que se puede atender. Mi clienta tenía plenísima confianza en sus habilidades culinarias, en cambio carecía de esta misma confianza en sí misma.

Una de las formas concretas más efectivas de adquirir mayor confianza en el nivel de la Identidad es poner en marcha una relación más sincera y significativa contigo mismo.

Nivel 2: confianza en tus Creencias

Lo primero que te debes preguntar cuando empieces a prestar atención al Nivel Lógico de la Creencia es si tienes creencias en las que te apoyes y te permitan actuar con seguridad en ti mismo.

Cuando alguien dice: *«Aprendo muy despacio, y probablemente nunca mantendré una relación amorosa»*, revela dos creencias diferenciadas que es improbable que le ayuden a actuar con mayor confianza en cualquier ámbito de su vida.

Quien dice: *«Soy el tipo de persona que sabe aprender tanto de los errores como de los éxitos»* proclama que abriga una creencia que le va a generar confianza. Sí, cometerá errores; todos los cometemos. Pero tiene confianza en que de esos errores puede aprender tanto como de sus éxitos. Las personas de este talante creen en sí mismas, literalmente.

Sin embargo, las palabras no bastan. Las declaraciones no son lo mismo que las creencias. El simple hecho de decir algo no hace que este algo sea verdadero. Si quieres saber lo que realmente cree una persona, fíjate en su comportamiento. Una cosa es lo que dice, pero lo que hace podría ser algo muy distinto.

Una creencia sobre cómo es el mundo te puede servir de apoyo en tus actos. *«Sé que puedo amar de nuevo»* es una creencia que encierra una mayor probabilidad de que te recuperes de una relación rota y encuentres de nuevo el amor.

Las creencias se pueden formar en casi cualquier fase de la vida. Normalmente son consecuencia de nuestras propias experiencias, que hemos procurado comprender y de las que hemos intentado sacar conclusiones. Pero también podemos incorporar a nuestra vida creencias de otras personas que nos importan: los padres, la pareja y desde luego la cultura en que vivimos.

En la PNL hablamos de sistemas de creencias porque se pueden tener de todos los tipos. Algunas se pueden reforzar mutuamente, otras quizá no se acoplen con facilidad, en especial si se han formado en distintos momentos de la vida. Es posible incluso que algunas de tus creencias se contradigan mutuamente, de modo que cuando es una la que rige es como si tuvieras siete años, y cuando es la otra, como si tuvieras treinta y siete, y luego alternas entre ellas. Una situación que puede desconcertar a cualquiera que mantenga contigo algún tipo de relación.

Las personas actúan como si sus creencias fueran ciertas, pero una creencia no es un hecho. Es simplemente algo que nos permite comprender nuestra experiencia. La función esencial de una creencia es proporcionarnos una especie de estructura coherente para entender el mundo.

Además de ayudarnos a comprender el mundo, las creencias pueden realmente configurar lo que nos va a ocurrir, porque se pueden convertir en seudoprofecías que se cumplen casi necesariamente. Es extraño, pero siempre que así ocurre, tendemos a sentir la penosa satisfacción de poder decir: *«Sabía que pasaría»* o *«Ya te lo dije»*. La satisfacción nace del hecho de que nuestra creencia sobre cómo funciona el mundo simplemente ha demostrado ser «cierta». De modo que nuestro modelo del mundo tiene sentido y se acaba de confirmar su veracidad. Tenemos razón, aunque seamos desgraciados. A veces a las personas les es difícil dejar de tener razón y contemplar las posibilidades que otras creencias ofrecen. Como me decía hace poco un cliente: «Al final lo que hay que decidir es si quiero "tener razón" o si quiero ser feliz, ¿no?».

Trabajé en cierta ocasión con una clienta que había tenido dos relaciones de muy joven, ambas muy malas, y pensaba, en consecuencia, que los hombres, todos, no traen más que problemas. Era una creencia, no un hecho. Lo sé porque mi clienta, a menos que hubiese conocido y tratado a todos los hombres vivos, y hubiese comprobado en todos lo que pensaba sobre los hombres, no podía saber a ciencia cierta que todos los hombres traen problemas. Pero, por culpa de sus creencias, la mujer seguía escogiendo a hombres que la trataban mal. Sólo cuando puso en entredicho y cambió esa arraigada creencia suya, se pudo permitir buscar un hombre sincero y una relación de amor.

Nivel 3: confianza en tus Capacidades

Cuando sabes que *sabes* hacer algo, automáticamente lo abordas con confianza. Si, por ejemplo, te divierte cocinar y sabes que posees el *know how* básico, es más probable que al meterte en la cocina tengas mayor curiosidad, seas más innovador y experimentes más cosas nuevas que alguien que no tenga ni idea de cómo preparar algo, y mucho menos algo que pueda ser memorable.

¿Qué es lo que ya sabes que puedes hacer?

Formulé esta pregunta en cierta ocasión en una sala llena de gente, y un hombre, después de batallar por pensar en algo, respondió, disculpándose, que sabía cómo conciliar el sueño. Todo el mundo se rió, pero yo señalé que seguro que en la habitación habría muchas personas, y fuera de ella aún muchas más —todas las que padecen insomnio—, a las que les hubiera encantado averiguar cómo conseguía aquel hombre dormirse tan fácilmente.

Pregúntate qué es lo que ya sabes hacer, pero que, hasta el momento, no lo tienes por algo importante y de valor. Lo que para ti es «pan comido» en realidad es un conjunto de habilidades que tal vez a los demás les sea difícil conseguir. Es posible incluso que te pagaran muy bien si supieras enseñarles lo que a ti te resulta tan natural.

Saber hacer algo, conocer su *how to*, puede marcar la diferencia entre el éxito y el fracaso. La PNL ha conseguido generar una cantidad extraordinaria de técnicas con las que uno puede cambiar su forma de pensar y sentir. Un amplio abanico de técnicas, que van de la Estrategia de Deletreo [ortografía] de la PNL, con la que prácticamente cualquiera puede saber cómo se escribe correctamente cualquier palabra, a las técnicas dirigidas al corazón mismo de nuestra experiencia como seres humanos: ¿no sería útil, por ejemplo, saber cómo actuar ante una pérdida, sea de un ser querido, de un sueño, de una forma de vida, de un trabajo o de lo que sea? Entonces el proceso conocido como del Dolor a la Gratitud sería de extraordinaria utilidad. Esta técnica, como todas las demás, ha sido fruto del minucioso proceso de determinar cómo hacen las personas aquello que hacen con éxito. Cuáles son los pasos y cuál su mejor secuencia. Es lo que se conoce como una «estrategia», y lo que les da la capacidad a esas personas. Una vez que lo averigüemos, podremos ponerlo a disposición de los demás. Lo podemos formatear invariablemente como una técnica.

Cuando empieces a fijarte en lo que haces y también en cómo lo haces, quizá te sorprendas de las muchas estrategias de que ya dispones. Luego las personas las pueden aplicar a menudo a otras situaciones en que no se habían visto anteriormente. Si, por ejemplo, sabes decidir rápidamente qué vas a comer a mediodía, significa que posees una eficaz estrategia para la toma de decisiones. Es más que probable que puedas aplicar esta misma estrategia a otros ámbitos de tu vida. Si, al contrario, te cuesta una eternidad decidir qué vas a tomar hoy para comer, querrás aprender una estrategia eficaz para la toma de decisiones que puedas utilizar no sólo a la hora de comer, sino siempre que la necesites para tomar una decisión.

Pregúntate qué te gustaría saber hacer ahora. Empieza por preguntarte, concretamente, qué tipos de *how to* te ayudarían a forjarte más confianza. Una vez que los hayas identificado, empieza a buscar modelos de rol cuya conducta demuestre que ya saben hacer lo que tú quieres aprender. Tal vez sean miembros de tu propia familia, compañeros de trabajo, amigos o personajes públicos que admires.

A continuación, necesitas entrar en contacto con algunas de estas personas. Así que empieza a buscarlas y a descubrir qué es lo que hacen para tener siempre éxito. Una posibilidad es preguntárselo. Otra es simular que eres una de ellas, porque te permite hacerte una idea de qué se siente al ser así. Con los juegos de simulación, de «juguemos a...», es como aprenden los niños. Y puesto que son quienes mejor aprenden de todos, sería de inteligentes seguir su ejemplo y hacer lo que hacen —aunque queramos llamarlo con un nombre que no parezca tan infantil—. Por ejemplo, podríamos llamarlo juego de rol o ensayo mental. Es lo que haces cuando imaginas o intentas algo. ¿Qué sería ese saber hacerlo? ¿Cómo sería? ¿Qué sentirías? ¿Cómo sonaría? Cultiva formas de ponerte en la piel de los demás para conseguir las respuestas a tus *how to*.

Nivel 4: confianza en tu Conducta

¿Qué quieres *hacer* con mayor confianza en ti mismo? De esto hablamos cuando consideramos la confianza en el nivel de la conducta.

Comportarse con gran desparpajo o de manera jactanciosa no significa comportarse con seguridad en uno mismo. De hecho, normalmente es signo de falta de seguridad y de confianza. Esta falta de confianza se puede mostrar también cuando las personas no quieren que los demás aprendan a hacer lo que ellas hacen.

Así pues, ¿cómo sería el comportarse con mayor confianza? Cuando se lo pregunto a las personas, invariablemente me hablan de sentirse seguras de sí mismas, o dicen que actuarían como si supieran lo que están haciendo. De algún modo, pues, su forma de comportarse se refleja en cómo se sentirían consigo mismas. Desde la perspectiva de los Niveles Lógicos, su conducta está vinculada a su identidad. Piensa en las posibilidades que con esto se abren. Cambia la forma de comportarte, y es posible que llegues a sentirte más seguro de ti mismo en el nivel de la identidad; cambia tu forma de sentir, y quizá puedas cambiar tu forma de comportarte.

Pero para cambiar deberás especificar más. ¿Cómo ves, oyes y sientes tú la conducta de seguridad en ti mismo? Recuerda que debe ser tu forma de entender la confianza, una versión de ésta que concuerde fácilmente con tu conducta. Imitar la conducta de otro como lo haría un mono no hará necesariamente que te sientas más seguro de ti mismo; puede ocurrir todo lo contrario, que te sientas extraño. El truco está, naturalmente, en tomar lo que funciona y apropiártelo. Hacerlo a *tu* manera.

EJERCICIO: **La confianza existente**

Te será útil que aproveches lo que ya sabes hacer con seguridad y confianza. Así que has de preguntarte qué es lo que ya sabes hacer con esta seguridad. A mis clientes les suelo pedir que hagan una lista de al menos diez cosas que hagan con confianza. ¿Cuáles serían las diez tuyas?

1. . . . .
2. . . . .
3. . . . .

4. ....
5. ....
6. ....
7. ....
8. ....
9. ....
10. ....

La gente no suele pensar en las cosas más sencillas, como... andar. ¿Te parece algo trivial? Habla con personas mayores que ya no puedan tenerse de pie. Ésta es la paradoja de la confianza. Cuando se posee una determinada habilidad, ocurre a menudo que ni siquiera se nota, porque la damos por supuesta. Sólo cuando flaquea nos damos cuenta de lo que afecta a nuestra confianza.

La conducta humana es siempre un medio para alcanzar un fin. Una de las mejores maneras de construir tu confianza es saber por qué haces algo, es decir, establecer cuál es realmente tu objetivo cuando adoptas una determinada conducta. Normalmente es un elemento motivador de gran fuerza. Una fuerza que observarás en las personas que se encuentran en situaciones límites. Lo que antes parecía sobrecogedor o intimidante, ahora es simplemente lo que hay que hacer. También la determinación puede dar mucha seguridad y confianza.

Una forma de penetrar en esta mentalidad es leer relatos de personas que hayan vivido situaciones extremas que las obligaran a reaccionar por encima y más allá de lo habitual. Las biografías pueden ser extremadamente reveladoras. Los exploradores, por ejemplo, se encuentran a menudo con que para sobrevivir han de hacer cosas que trascienden su experiencia cotidiana. Sir Ernest Shackleton, explorador de la Antártida, es un ejemplo. Su expedición al Polo Sur en 1914, aunque técnicamente fuera un fracaso, se sigue estudiando hoy como modelo de liderazgo y de habilidades de supervivencia, y en particular como ejemplo de un líder que sabe inspirar confianza y mantener la moral cuando todo parece perdido. El barco de Shackleton, con el acertado nombre de *Endurance* (Resistencia), quedó atrapado en el hielo y, aunque sus hombres hicieron lo humanamente posible por liberar el navío, lentamente el hielo empezó a comprimir el casco de la embarcación que les servía de refugio, hasta que se hundió. El explorador y sus veintisiete hombres resistieron diecinueve meses en la Antártida. La tripulación estuvo acampada cinco meses sobre la superficie helada del mar. Cuando las provisiones empezaron a escasear, Shackleton, con otros pocos miembros de la tripulación, hicieron una travesía de casi mil trescientos kilómetros en botes salvavidas y por mar abierto hasta la isla de Georgia del Sur, atravesaron a pie tres glaciares y regresaron a rescatar a sus hombres. No pereció ni uno solo.

Shackleton no imaginaba que la expedición iba a ser lo que fue, y se encontró en una situación límite. Seguro que no pensaría que todo iba a salir bien. Sin embargo, cuando las circunstancias cambiaron y se torcieron, tuvo muy claro cuál era la prioridad, y se lo dejó claro también a sus hombres. Estaba completamente comprometido a devolver a sus hombres a casa sanos y salvos. Con esta idea en la mente, estuvo dispuesto a hacer lo que hiciera falta. Como él mismo decía: «Las dificultades no son más que cosas que hay que superar».

Shackleton no tenía más opciones que actuar o morir. Espero que tú tengas más. Si te preguntas qué tratas de conseguir realmente al adoptar una determinada conducta, a veces verás también que hay otras conductas con las que se puede obtener el mismo resultado. De esta forma, puedes acumular un repertorio de conductas y escoger aquellas con las que te sientas más seguro de ti mismo. Muchas personas se sentirán de repente con la confianza para hacer cosas que antes temían hacer porque no tenían alternativa. Y así ocurre con las personas, los equipos y las organizaciones.

A veces la gente me dice que quisiera actuar con más confianza, pero cuando les pido que sean más concretos, no están seguros de lo que quieren decir. Aquí es cuando realmente puede ser útil imaginar la versión opuesta y peor, es decir, todo aquello que no queremos que ocurra. Después de haber visto en una boda a que había asistido hacía poco, que el padrino arruinaba su discurso debido al alcohol, Bill estaba nervioso porque iba a ser el padrino encargado del discurso en el banquete de la boda de un amigo. Así que le dije: «Imagina que estás en una boda y que el padrino se levanta y va trastabillando por el mucho alcohol que ya ha tomado. ¿Qué es lo peor que podría ocurrir?» Bill dijo: «Que no pueda dejar de parlotear, cuente historias y chistes fuera de lugar, deje una frase inacabada, se caiga y estrelle la cara contra el plato a medio tomar».

En aquella pesadilla, el padrino estaba ya medio achispado cuando se levantó, lo cual demuestra que no se encontraba en las mejores condiciones para dirigirse a un amplio grupo de personas. En esta situación o cualquier otra similar, debes pensar cuál es el mejor estado en que te conviene estar y cómo puedes alcanzarlo antes de embarcarte en un discurso o cualquier actividad que tengas por delante. Aquel padrino no gestionaba su estado, por lo que no podía estar en su mejor momento. Si eres inteligente, te preguntarás cuándo estás en tu mejor momento. Y cómo podrías reactivar este mismo estado cuando quizá no te sientas tan seguro de ti mismo.

La historia del padrino y el fiasco de aquella boda me hicieron ver qué era lo que Bill deseaba evitar a toda costa. Entre otras cosas, dijo que era evidente que había visto a mucha gente que recurría al alcohol como si se tratara de una muleta. Así pues, lo que necesitaba en primer lugar era contar con la suficiente confianza y seguridad en sí mismo para no tener que buscarlas en el alcohol. Le pregunté qué le podría dar esa confianza. Contestó que necesitaba saber que podría hacerlo. Le dije que esto se consigue más fácilmente cuando uno se siente preparado. De modo que lo importante era que preparara un guión de lo que fuera a decir. Esto le ayudó también a no andarse por las ramas. Sólo después de haber hecho todo esto se le ocurrieron unos cuantos chistes y anécdotas apropiados para la situación. Llegado a este punto, sabía lo que iba a decir y cómo lo iba a decir.

Y había además otro factor también importante. Bill necesitaba estar seguro de cómo iba a terminar. Saber cuándo ha llegado el momento de concluir tiene la misma importancia que saber cómo empezar. Al finalizar la sesión, Bill sabía cómo iba a saber cuándo convenía terminar, y esto se sumó también a su grado general de confianza.

Nivel 5: confianza en tu Entorno

El entorno en que vives produce un profundo impacto en tu confianza y tu capacidad de aumentar sus niveles. Y por entorno entiendo una ubicación física, un contexto social, o ambos.

Lo que es importante que recuerdes es que nadie se siente seguro de sí mismo en todo momento, y lo mismo ocurre con el Nivel Lógico de la confianza en tu Entorno: nadie se siente seguro siempre en todos los entornos, y tampoco tú lo estarás.

Prueba el siguiente ejercicio de confianza en el Entorno.

EJERCICIO: **La confianza en entornos diferentes**

Completa las listas que siguen para averiguar dónde se encuentra tu confianza.

Entornos en los que me siento seguro de mí mismo:
1. ....
2. ....
3. ....
4. ....
5. ....

Entornos en los que no me siento seguro de mí mismo:
1. ....
2. ....
3. ....
4. ....
5. ....

Decidir dónde quieres emplear tu energía forma parte del control de tu vida. Cuando pienses en los contextos en los que no te sientes con confianza, pregúntate si todos tienen para ti la misma importancia. Céntrate sólo en aquellos que realmente te importen. No esperes sentir la misma confianza en todas partes y en cualquier momento. Del mismo modo, más o menos, que puedes ampliar tu repertorio de canciones, recetas o contactos, no dejes de añadir entornos a tus listas a un ritmo que te sea cómodo.

Una de mis clientas me hablaba de lo muy útil que este sencillo principio le había sido en sus recientes vacaciones en París. Se encontraba a los pies de la Torre Eiffel, y pensar que tenía que subir hasta allá arriba le daba terror. De modo que sentía de todo menos confianza. Entonces decidió que en aquel entorno la confianza no tenía tanta importancia; no importaba, no tenía por qué subir. Decidió que, pese a todo, podía seguir disfrutando de la experiencia de ver de cerca uno de los monumentos más famosos del mundo. En lugar de subir a lo alto, visitó la torre de noche, cuando se encienden las luces y cobra aún mayor magia.

Fue una decisión que, por ser de alguien que siempre se fija nuevos retos, tuvo mucha importancia. Cuando nos vimos después de sus vacaciones, me dijo que quería tratar su miedo a las alturas porque ya se sentía preparada. El hecho de no subir a la Torre Eiffel allí y entonces le había dado mayor confianza para hacer las cosas a su propio ritmo y en el momento que decidiera. En la actualidad, ha subido ya a lo más alto de la torre, pero, como ella misma decía: «Fue porque quise, y no porque pensara que debía hacerlo para conservar el respeto a mí misma».

Escoge, de entre tu lista, un entorno en el que no te sientas seguro, y procura que sea uno que te importe. Pregúntate: si consiguiera tener más confianza en este entorno, ¿que obtendría de él? ¿Por qué merece la pena preocuparse en este sentido? Aquí es donde forjas tu motivación. (Si no se te ocurre nada que te cautive en alto grado, quizá convenga que te preguntes si realmente es importante todo el proceso.) Ahora piensa qué debería suceder para que te sintieras más seguro de ti mismo en ese entorno.

Cuando conocí a Brian, que había sido nombrado director general ejecutivo hacía poco, el entorno en el que quería sentirse más seguro eran las grandes reuniones, en las que a partir de entonces, y como parte de su nuevo trabajo, debería hacer muchas presentaciones. Era algo que nunca había hecho antes, y la idea le producía un auténtico miedo escénico. Se trataba, pues, de un entorno social, en el sentido de que lo que le daba miedo no era un lugar sino la cantidad de personas que hubiera en él.

El miedo a hablar en público probablemente sea el más común de los que se ocupan nuestros profesionales del coaching en confianza. Dirijo programas enteros sobre el tema de hablar en público, de modo que se puede decir mucho al respecto. Pero de momento sólo quiero destacar un par de cosas que compartí con Brian y que le permitieron recuperar la calma.

Cuando las personas sentimos miedo o nos quedamos paralizadas ante grupos de otras personas, inevitablemente hacemos dos cosas. Primera, tendemos a dirigir la atención hacia el interior, de modo que somos plenamente conscientes de los cambios que se producen en el cuerpo (por ejemplo, un mayor ritmo cardíaco) y de nuestro diálogo interior. Segunda, realmente no *vemos* a las personas del público, ya sea porque no las miramos, ya sea porque las vemos como una masa amorfa.

Si no quieres tener miedo, has de dejar de dirigir la atención hacia dentro y empezar a dirigirla hacia el exterior. Debes tener con esas personas la cortesía de prestarles atención. Y no lo podrás hacer de verdad mientras estés ocupado hablándote a ti mismo o preocupándote por cómo te sientes físicamente. En su lugar, quizá quieras preguntarte cómo se sienten *ellos* y cómo hacer que se sientan cómodos. Del mismo modo, mientras los veas como un grupo numeroso, sentirás miedo y te pondrás nervioso, pero lo mismo te ocurrirá si no consigues reconocerlos como personas. Necesitas devolverles su individualidad: has de ver las diferentes expresiones de sus caras y contactar con esas personas de forma individual, aunque estén sentadas en grupo. Así es como les das su humanidad, y cuando lo haces, su reacción ante ti es muy distinta. De este modo se establece una relación entre tú y ellos, y esto te dará confianza.

Entender los Niveles Lógicos

Los Niveles Lógicos nos proporcionan un conjunto de distinciones que nos ayudan a identificar qué nos ocurre, a nosotros y a los demás, cuando nos enfrentamos a cualquier tipo de reto a la confianza. Me ocurre a menudo que la propia manera de hablar de las personas me dice cómo hay que actuar. Las mismas palabras dichas con distinto énfasis me dicen que se precisan intervenciones muy diferentes. Aprender a escuchar lo que dicen las personas y cómo lo dicen te proporcionará asimismo mucha información.

Fíjate en este simple enunciado: *Yo no puedo hacer esto aquí.* Tendrá significados muy distintos según en cuál de las palabras ponga el énfasis quien hable.

***Yo** no puedo hacer esto aquí.*

Significado: es posible que otro lo pudiera hacer aquí, pero «*Yo*» no me siento seguro. Es el Nivel Lógico de la Identidad.

*Yo **no puedo** hacer esto aquí.*

Significado: no *creo* que pueda hacer esto. Es el Nivel Lógico de la Creencia.

*Yo no puedo **hacer** esto aquí.*

Significado: no sé *cómo* hacer esto. Es el Nivel Lógico de la Capacidad.

*Yo no puedo hacer **esto** aquí.*

Significado: no puedo adoptar *esta conducta* aquí, aunque podría adoptar aquí alguna otra. Es el Nivel Lógico de la Conducta.

*Yo no puedo hacer esto **aquí.***

Significado: no puedo hacer esto en *este entorno,* lo cual no significa que no lo pudiera hacer en otro distinto. Es el Nivel Lógico del Entorno.

Así pues, en resumen, y para que comprendas por ti mismo cómo actúan en la práctica los Niveles Lógicos, piensa en algún reto al que te enfrentes en este mismo momento, algo que esté poniendo a prueba tu confianza, y decide cuál de los énfasis es el que se aplica a tu caso.

Si estás pensando en un área en la que quieras sentirte más seguro de ti mismo, pregúntate qué necesitas para cambiar de modo que puedas decir: «Yo *puedo* hacer esto aquí». ¿En qué Nivel Lógico necesitas hacer un cambio? ¿En el de la Identidad? ¿En el de la Creencia? ¿En el de la Capacidad? ¿En el de la Conducta o el del Entorno? En otras palabras, averigua qué es lo que te frena, y cámbialo.

A veces lo que se necesita es pisar el acelerador; otras, basta con que retiremos el pie del freno.

La confianza en el Universo

Hemos analizado lo que implica tener confianza en los niveles del Entorno, la Conducta, la Capacidad, la Creencia y la Identidad. Más adelante quiero ir más allá de la Identidad y abordar una dimensión completamente distinta de la autoconfianza.

Pero, de momento, te propongo que consideres tres preguntas:

- ¿Has tenido alguna vez la sensación de formar parte de algo mayor que tú mismo?
- ¿Te parece que la vida tiene sentido, o que se lo puedes dar?
- ¿Qué supondría para ti sentirte seguro no sólo de ti mismo, sino del mundo del que formas parte?

Los líderes excepcionales poseen una confianza que va más allá de la seguridad en uno mismo. Piensan, invariablemente, que están al servicio de algo mayor que ellos. Esto les puede dar una extraordinaria confianza para alcanzar más de lo que los demás creen que es inalcanzable. Vincularte a una visión de mayores dimensiones te dará un tipo de confianza completamente distinto.

En la tercera parte, «Vivir con confianza», me ocuparé de esta imagen más grande, que no lo es mucho más que el Universo.

3

Cómo analizar tu confianza

Algunas personas saben ver perfectamente la imagen grande, pero no tanto estar en contacto con lo que está ocurriendo en su interior en este preciso momento. Esto significa que no están en contacto consigo mismas. Otras personas son excesivamente conscientes de lo que sucede en su interior, hasta el punto de excluir casi todo lo demás. Perdidas en la sensación del momento, les es difícil adoptar algún tipo de perspectiva general. Lo ideal es que queramos saber hacer ambas cosas. Y esto es una capacidad, es decir, una habilidad que se puede aprender.

Para ayudarte a cultivar esta capacidad, quiero ofrecerte dos herramientas bastante distintas que a muchísimos de mis clientes les han sido de gran utilidad. La Rueda de Equilibrio de la Confianza te ayudará a evaluar y ver la imagen grande, y el Diario de la Confianza te servirá de valiosa revisión sobre lo que esté ocurriendo en tu interior.

Una vez que hayamos probado estas herramientas, quiero advertirte de otras dos variables esenciales cuando analices tu confianza: dónde encaja el elogio y cómo la persona con quien estés puede marcar toda la diferencia.

La Rueda de Equilibrio de la Confianza

Ya hemos visto que la confianza en uno mismo es un estado mudable, que nos podemos sentir más seguros en un área de nuestra vida y menos en otra, y que nuestra confianza puede fluctuar, y fluctúa, de un día a otro, de un entorno a otro.

Así que convendrá que evalúes dónde y cuándo tienes confianza, y cuándo y dónde necesitas más. Y aquí es donde interviene la Rueda de Equilibrio de la Confianza. Te mostrará exactamente dónde, en este preciso momento, confías en ti mismo y dónde no.

Las áreas en que se centra son algunas de las que con mayor frecuencia nombran los clientes. No es, desde luego, una lista definitiva; habrá otras áreas en las que querremos centrarnos más adelante.

Fíjate un momento en la rueda. Y ahora quiero plantear estas categorías:

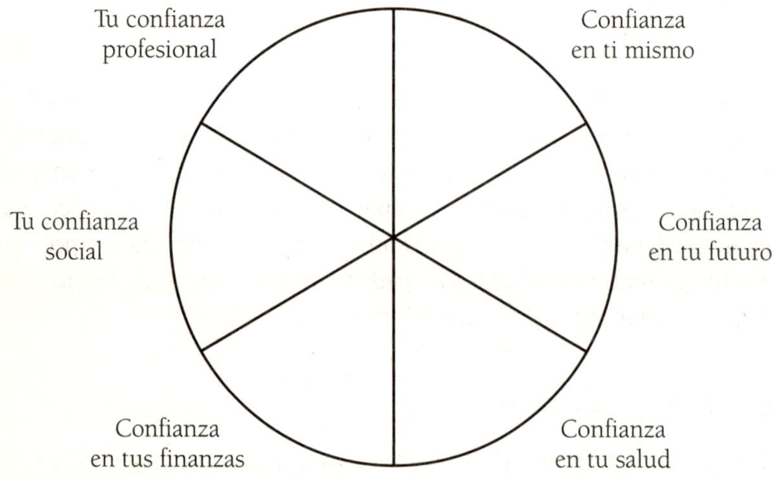

La Rueda de Equilibrio de la Confianza ilustra las áreas de la confianza en uno mismo

Confianza en ti mismo

Al hablar de la confianza en ti mismo, hay que tener en cuenta dos cosas. No se trata de que pienses que eres fantástico y que nunca te pones neurótico. Autoconfianza significa que eres capaz de ser humano y sabes que cuentas con lo que esto requiere, aunque a veces no te lo parezca.

Cuando pienso en las personas con quienes he trabajado en cuestiones relativas a la autoconfianza, veo que algunas tenían claro que éste era su principal problema, y luego están aquellas que se empeñaban en ocultar esta realidad, no sólo a los demás, sino con frecuencia a ellas mismas.

Cuando ocurre lo segundo, he visto cómo se repiten una y otra vez dos patrones, que se emplean en un intento de enmascarar el problema.

El primero implica culpar de tus apuros, cualesquiera que sean, a agentes externos: una educación estricta, problemas económicos, un jefe o una pareja desconsiderados, etc. Se trata de circunstancias que bien pueden ser verdad, pero, como les vengo repitiendo a mis clientes, otros se han visto en dificultades peores y han salido adelante. ¿Qué te costaría, pues, hacer lo mismo? Parte de la respuesta es, casi con toda seguridad, tener confianza en ti mismo.

El segundo patrón es quedarse corto deliberadamente: apuntar siempre bajo para no fracasar sería una de las formas de hacerlo. No ser ambicioso, no atreverse a soñar, sino ir a lo seguro pueden ser maneras de evitarse el riesgo del desengaño y los posibles golpes a la autoconfianza. Por debajo de esta estrategia de la evitación está el miedo: la autoconfianza es frágil; no debe estar socavada aún más por los contratiempos, porque éstos generarán con toda seguridad un sentimiento de fracaso, que podría erosionar aún más la autoestima.

Confianza en tu futuro

¿Cómo te sientes ante el futuro? Es una pregunta totalmente abierta. Las personas la interpretan de diferentes formas: unas la consideran de forma global, y otras se centran en aspectos concretos de su futuro, por ejemplo, en su carrera profesional o sus relaciones. Tú decides.

Para tener confianza no es necesaria la certeza. En efecto, a veces la certeza puede generar un sentimiento completamente opuesto. Imagina tres personas diferentes: a una le acaban de comunicar que la despedirán el mes que viene; a otra, que padece una enfermedad terminal; y a la tercera, que su pareja quiere el divorcio. En los tres casos la certeza es total, y va a afectar directamente al futuro de la persona en cuestión, pero no hace necesariamente que estas personas tengan mayor confianza.

Es posible que no sepas qué te aguarda, pero pese a todo puedes seguir teniendo confianza en el futuro. Así pues, en una escala del uno al diez, ¿cuál es tu grado de confianza?

Confianza en tu salud

«En estos momentos no me encuentro muy bien, pero sé que puedo confiar en mi cuerpo. En unos días estaré bien.» Esto me decía un cliente cuando me llamó porque quería tener la sesión de coaching por teléfono, no presencial. No se encontraba bien para desplazarse, pero aunque estuviera en cama, prefería seguir con la sesión.

Es un ejemplo de alguien que da por supuesto que, aunque esté enfermo, goza en general de buena salud, y que la seguirá teniendo. No era extraño pues, que en este sentido, se diera un ocho sobre diez. Cuando le pregunté por qué no un diez sobre diez, dijo que siempre había posibilidad de mejorar, y que podía introducir en la dieta y el ejercicio físico algún cambio que le fortalecería. Pero en ese momento no era lo prioritario.

Confianza en tus finanzas

También en este caso, las personas interpretan esta confianza de diferentes formas. Lo que importa es lo que signifique para ti.

Para unos, se trata de su potencial de ingresos; para otros, de si lo que ganan se ajusta a lo que gastan; para otros, de cómo van a irles las finanzas dentro de cinco, diez o veinte años, y de lo que les va a quedar al jubilarse.

Pero hay que considerar también otra dimensión: ¿qué grado de importancia crees que las cuestiones económicas tienen para ti y para aquellos de quienes te preocupas? Una clienta decía que nunca le fueron bien las matemáticas en la escuela, y que todo lo que tuviera que ver con ellas hacía que se acordara de los sentimientos de incapacidad y de ignorancia que la embargaban en sus años escolares. Era una mujer inteligente con una buena profesión asentada. Descubrir que *podía* comprender algunos principios básicos de economía personal le dio muchísimo ánimo.

Así que tal vez quieras considerar si crees que entiendes suficientemente de finanzas para tomar decisiones informadas. Si crees que comprendes lo que ocurre en tu mundo financiero. Si sabes lo que haces.

Tu confianza social

Una fiesta, una reunión pública o ir de compras son todas situaciones sociales que implican cierto grado de confianza social. ¿Qué tal te desenvuelves, pues, en estas situaciones?

Algunos clientes dan por sentado que, porque son introvertidos, no pueden tener confianza social. Y no es verdad. Para sentirse socialmente seguro de uno mismo no hay que ser furiosamente extrovertido, y te diré por qué.

La confianza social no tiene nada que ver con ser el alma de la fiesta. Tampoco con serlo todo para todos, en un intento alocado de ganarse la aprobación de todo el mundo. Se trata de saber ser uno mismo sin por ello dejar de sentir curiosidad y empatía por los demás, e interesarse por ellos. La empatía es lo que se produce cuando uno se pone en el caso de otro. Es la reacción que se espera cuando las personas dicen cosas como: «¿Qué te parece, tú qué harías?» (Por cierto, la empatía es una habilidad que se puede aprender.) La autorrevelación es otro ingrediente fundamental de la confianza social. Las personas sólo se podrán formar una opinión sobre ti si estás dispuesto a compartir con ellas algo de ti mismo. Algo que les permita empatizar *contigo*.

Así pues, en una escala del uno al diez, ¿qué grado de confianza social crees que tienes en estos momentos?

Tu confianza profesional

No se trata sólo de si te sientes profesionalmente seguro, sino también de si sabes proyectar y comunicar esta confianza.

Hay un viejo proverbio inglés que dice que los actores que trabajan consiguen trabajo. Se refiere a la profunda verdad de que es mucho más fácil conseguir lo que se busca cuando se proyecta una imagen de confianza, porque hace que los demás la tengan en la capacidad de uno para cumplir lo que de él se espera. Una realidad especialmente importante en el ámbito laboral, porque es parte de tu forma de demostrar tu profesionalidad e inspirar confianza en los colegas, los subordinados y aquellos que deban informarte. Cuando tienes confianza, tienes también voz, y no te limitas a estar siempre de acuerdo por miedo a que, de otro modo, se te considere un lastre. Así pues, la confianza profesional tiene que ver también con la valentía de tener tus propias opiniones y ser sincero.

Una de las mejores formas de construir tu confianza profesional es conocer tus virtudes y aprovecharlas, y al mismo tiempo, ocuparte gradualmente de tus puntos débiles. ¿En qué grado, pues, te sientes profesionalmente seguro de ti mismo en este preciso momento?

* * *

Con la Rueda de Equilibrio de la Confianza podrás dejar de preocuparte excesivamente de lo que las cosas parecen, y analizar cuál es la situación real de tu vida en este momento. Es una evaluación que tú, y nadie más que tú, haces de tu nivel de confianza en estas diferentes áreas. ¿Te tienen por una persona segura de sí misma tus familiares y conocidos? De momento es algo sin mayor importancia. Se trata de un medio para que *tú* decidas cuán seguro te sientes.

EJERCICIO: **Tu Rueda de Equilibrio de la Confianza**

Vuelve a la rueda vacía de la página 56. Puntúa de cero a diez tu nivel de confianza en cada uno de sus segmentos. Luego divide cada uno de éstos con una línea recta que muestre visualmente esa nota, suponiendo que en el centro de la rueda estaría el cero y en su extremo exterior el diez.

La siguiente era la rueda de uno de mis clientes:

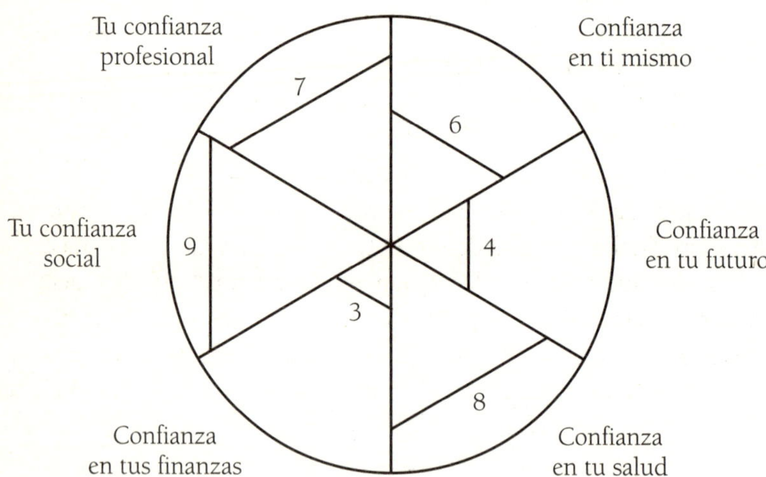

Cuando hayas terminado el ejercicio, tendrás una representación gráfica del estado en que se encuentre tu confianza en este momento. Si la rueda te parece desequilibrada, no te asustes. Eres una persona normal. Y lo que tienes ante tus ojos no es más que una foto instantánea. Tu confianza cambia día tras día y año y tras año, y en consecuencia, cambia también la rueda. No obstante, merece la pena que te preguntes por el traqueteo con que avanzaría tu vida si la rueda estuviera realmente desequilibrada.

La mayoría de las personas nunca llegan a ver todos los segmentos de la vida al mismo tiempo tal como los tienes en esta Rueda de Equilibrio de la Confianza. Esto significa que no consiguen ver la imagen grande ni la posibilidad de que un aspecto de la confianza esté vinculado a otro en un área muy distinta de su vida. Ahora que ya dispones de una representación visual del actual estado de la cuestión, permíteme que te pregunte qué es lo que te llama la atención. ¿Hay alguna cuña en esa rueda que en estos momentos consideres especialmente importante?

Ocurre muy a menudo que las personas empezamos a establecer conexiones entre lo que sucede en un ámbito y otro. Un ejemplo es la rueda del cliente de la página 60. Es un ejemplo real: Jimmy llevaba tiempo con graves problemas en su negocio, unos problemas que trastocaban su economía. De modo que la confianza en sus finanzas había recibido un auténtico golpe, de ahí la puntuación de tres. Debido al ambiente tan enrarecido del mundo empresarial, se sentía aún más inseguro ante el futuro, un área que había calificado con un cuatro. Eran problemas que lo llevaban acosando día y noche hacía ya casi un año. Sin embargo, al contemplar su rueda, se dio cuenta enseguida de que inconscientemente había reducido la amplitud de su atención y había perdido de vista otras cosas con las que podía contar, unas virtudes que realmente lo podían ayudar a afrontar la crisis actual.

Cuando estamos preocupados es fácil que nos obsesionemos, circunstancia que nos va minando la confianza. Pero lo que a Jimmy le llamaba la atención era que su salud prácticamente no se hubiera resentido (ocho). Le sorprendió, con lo que se sintió con mayores fuerzas antes incluso de que hiciéramos algo concreto para recuperar sus niveles de confianza. Se sentía seguro en el ámbito social y dispuesto a salir a conocer el mundo (nueve). Sabía también que era realmente bueno en lo que hacía, y su confianza profesional seguía siendo alta (siete).

Y luego le pregunté: «¿Dónde quisieras intervenir para que, si aumentaras tu confianza en esa área, obtuvieras el mayor beneficio global?» Se detuvo a pensarlo, miró de nuevo la rueda, y dijo: «Necesito saber que cuento con todo lo que necesito».

Se había puesto un seis en confianza en sí mismo, el doble que en confianza en sus finanzas (tres), y un tercio más que en confianza en su futuro (cuatro). Hay aquí un importante principio relacionado con el endeudamiento. En primer lugar, no des por supuesto que conseguirás lo mejor que puedas si subes tu nota más baja. En segundo lugar, es posible que obtengas el mayor beneficio por una vía aparentemente indirecta. Como decía Jimmy: «Si tengo confianza en mí mismo y sé que tengo todo lo que necesito para recuperarme, me sentiré bien, se irán solucionando los problemas económicos, y me labraré un futuro que merecerá la pena. Lo único que necesito es subir la nota hasta siete o, mejor, hasta ocho».

Haber aclarado las cosas hizo que cambiaran los sentimientos que tenía sobre sí mismo y el futuro. Antes se había sentido inseguro sobre lo que le convenía hacer; ahora estaba claro, y sentía una determinación y un interés renovados. Una y otro hacían por sí mismos que se sintiera con mayor confianza. El simple hecho de subirse un punto, de seis a siete, la nota de su autoconfianza, le había dado un nuevo impulso, y si pudiera llegar al ocho, se sentiría de otra manera muy distinta. En este sentido, también me dejó bien claro, como su coach de la confianza que era, que le podía ser de gran utilidad.

En lo que resta del libro, veremos cómo puedes aumentar la confianza en todas estas áreas y también en otras.

Llevar un Diario de la Confianza

Una de las mejores formas de arrancar este proceso es llevar un Diario de la Confianza, que será tu registro personal (y la prueba) de cómo tu confianza y la de quienes te rodean fluctúan y afectan a tu modo de comportarte.

Cómprate una libretita y llévala siempre contigo durante los próximos diez días, para que puedas anotar en ella si te sientes seguro o no de ti mismo y en qué grado en las diferentes situaciones que se suceden en un día corriente. Rastrear tus reacciones te puede decir mucho cuando cuentes con los datos suficientes para saber qué pasa. Por esto, normalmente aconsejo que uno se analice tres veces por la mañana, tres por la tarde y tres por la noche. Así, al cabo del día, dispondrás de nueve puntos de recogida de datos. Si por la noche estás desvelado, toma nota también del estado de tu confianza en ese momento, sobre todo si es ya de madrugada.

Lo que haces con todo esto es entrenar tu cerebro para que atienda y rastree determinados fenómenos, de los que quizá no habías sido consciente con anterioridad. De esta forma, empezarás a observar dónde y cuándo te sientes con confianza, dónde y cuándo no te sientes seguro de ti mismo, y dónde y cuándo cambian tus niveles de confianza. En este proceso, empezarás a adquirir poco a poco más conciencia de lo que te ayuda a sentirte más fuerte y de lo que realmente estimula tu autoconfianza.

Las pequeñas cosas son las que a menudo marcan la mayor diferencia, por lo que no debes ignorarlas. De hecho, aprender a prestar atención a las cosas pequeñas es una parte muy importante del entrenamiento de tu cerebro. Piensa en lo poco que necesitas para malhumorarte —un dependiente seco y desdeñoso, por ejemplo—. Cuando este tipo de cosas se acumulan en exceso, te pueden estropear el día. También ocurre lo contrario: te muestras amable con un dependiente, y éste te responde con una sonrisa y se apresura a atenderte. De repente te sientes apreciado y socialmente unido, con lo que ganas confianza al afrontar el día.

Jon será el mejor ejemplo de lo útil que puede ser el Diario de la Confianza. Jon vino a verme para que le ayudara a construir su confianza en el trabajo, donde llevaba más de un año peleando con un jefe que le minaba profundamente la moral.

Le dije a Jon que se comprometiera a llevar siempre consigo su Diario de la Confianza durante diez días, y a anotar en él su nivel de confianza, según fuera la tarea que estuviera realizando o la interacción en la que estuviese participando. Desde que iniciara la jornada laboral —un viaje largo, pesado y a menudo complicado desde su casa en el campo al despacho en Londres— hasta que regresara a casa, y las interacciones con su mujer y su familia. Jon aceptó llevar el diario, y para ello le bastaría con hacerse una sencilla pregunta: ¿qué grado de autoconfianza tengo en este momento? Y a ese grado le daría una nota, de cero a diez.

Si así lo haces, y registras el estado de tu confianza durante diez días, descubrirás muchas cosas.

Jon añadió su propio detalle, que me pareció muy bueno, por lo que quiero compartirlo contigo. Reflejó en una gráfica el seguimiento que había hecho de su confianza durante aquellos diez días.

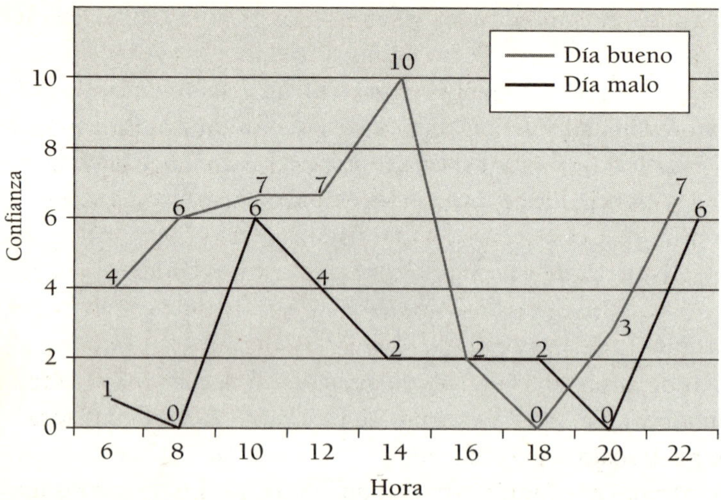

La línea del «día bueno» muestra los niveles de confianza de Jon en la que describía como una jornada normal, sin problemas de importancia. Pero fíjate en las grandes oscilaciones —¡y era un día bueno!—. La línea del «día malo» refleja los niveles de su confianza el día que su jefe le hizo una evaluación por primera vez.

Puedes ver en la gráfica anterior que el día malo, cuando Jon sabía que se le iba a cuestionar, las notas son mucho más bajas. Sin embargo, Jon anotó pronunciadas fluctuaciones también el día en que no esperaba que sus niveles de confianza variaran ostentosamente, cuando empezó a fijarse y a preguntarse: *¿qué grado de autoconfianza tengo en este momento?*

Me decía Jon: «Cuando empecé, me sentía escéptico, porque siempre había dado por supuesto que la confianza es algo que se tiene o no se tiene. Algo con lo que se nace o no. Sabía que me sentía seguro de mí mismo con los viejos amigos, pero menos con las personas nuevas. Sabía que no tenía tanta confianza como me hubiese gustado en el trabajo, porque es un puesto nuevo, y las personas del equipo con quienes trabajo son mayores y tienen más experiencia que yo.

»Lo que realmente me sorprendió es que las cosas pequeñas pudieran marcar una diferencia tan grande en el nivel de confianza que sentía, y en sus altibajos, incluso en un día normal, cuando no creía que sentirse seguro o no, pudiera afectarme tanto.»

Al explicar «las pequeñas cosas» que tan gran impacto habían producido en su grado de confianza, Jon contó que en la comida del día de Acción de Gracias se encontró sentado al lado de un recién llegado a la empresa, que le dijo lo mucho que le había gustado su presentación del nuevo proyecto a un público de empleados de alto rango la semana anterior, y —¡quién lo diría!— su autoconfianza se le disparó hasta diez. Por otro lado, aquel mismo «día bueno» acababa de terminar una parte importante del trabajo conjunto del equipo, cuando al sentarse se horrorizó al ver que se había averiado el ordenador, y había perdido todo el trabajo de un mes. Le entró pánico, intentó recuperar el material, y al final llamó al departamento de tecnología de la información, pero todos se habían ido ya. En aquel momento, le puso un cero a su confianza en recuperar el trabajo y en sí mismo.

Pero llamó a un antiguo colega que sabía mucho de nuevas tecnologías y que, en un tono similar al del budista de la escuela zen, le dijo: «Estoy seguro de que lo podremos arreglar por la mañana. Duerme tranquilo. Y ¿qué es un mes en la vida de una persona?» En ese momento puntuó con un tres su confianza en recuperar el trabajo, y, lo que es más importante, con un siete la que tenía en sí mismo.

Al despertarse por la mañana el día en que se iba a someter a la temida evaluación, Jon calificó con un uno la seguridad en sí mismo, y vio que bajaba hasta cero al encontrarse con que el tráfico a aquella hora punta le haría llegar tarde al trabajo. Sin embargo, una vez en el despacho, se recuperó, y observó que se sentía un poco más él mismo, en especial al recordar lo que su colega recién llegado le había dicho sobre su presentación mientras comían el día anterior (seis). Luego llegó la evaluación (cuatro), y lo mal que se sintió al finalizarla (dos) y mientras estuvo pensando en ella durante un buen rato (dos). A esto siguió la noticia de que quizá no fuera posible recuperar todo el trabajo de un mes, y que no se sabría hasta dentro de dos días (dos). Al regresar a casa, se le averió el coche y no consiguió repararlo (cero). Sin embargo, al hablar con su mujer pudo olvidarse un poco de todo esto y reconocer que sí tenía algo que ofrecer. Así que concluyó el día sintiéndose un poco mejor consigo mismo (seis).

Estas fluctuaciones tan marcadas hacían realmente que Jon fuera consciente de la volatilidad de su confianza. Le dejó claro adónde quería ir a continuación. Quería sentirse más seguro de sí mismo para así poder después capear el temporal. De modo que la construcción de la confianza *en sí mismo* pasó a ser el centro de atención en nuestro trabajo. Y era algo extraordinariamente apropiado porque, en última instancia, la única persona que podía estimular la confianza de Jon era... Jon. Hasta aquel momento, su autoestima había dependido casi por completo de la aprobación de los demás, por lo que Jon era muy vulnerable al miedo o la amenaza de ser rechazado. Como decía en una posterior sesión de coaching: «Había estado buscando el elogio, pero no estoy seguro de que éste forje realmente la confianza».

Jon había llegado a una importante conclusión, que estudios recientes avalan.

El elogio y la confianza

Muchas personas —en especial los padres— suponen que con el elogio y la entrega pueden aumentar la confianza de alguien. Sin embargo, investigadores estadounidenses han demostrado que, paradójicamente, un elogio equivocado puede acabar realmente con la seguridad en uno mismo.

La psicóloga estadounidense Carol Dweck y su equipo de investigación de Stanford llevan diez años estudiando cómo reaccionan los niños ante el elogio. Sus conclusiones sorprenderán negativamente a los padres que piensen que basta con elogiar a sus retoños para estimularles la autoestima.

En uno de sus estudios, Dweck y su equipo pasaron una serie de test de inteligencia a alumnos de quinto [nueve-diez años] de Nueva York, a quienes después dividieron de forma aleatoria en dos grupos: el grupo al que se les elogió su *inteligencia* y el de quienes fueron elogiados por el *esfuerzo* que habían realizado para salir airosos de las pruebas. A continuación, a los dos grupos se les dio la misma opción de escoger entre dos test, uno de ellos claramente más difícil que el otro. Más del 90 por ciento de los alumnos a los que se les había elogiado su *esfuerzo* en el test anterior optaron ahora por el más difícil, mientras que la mayoría de los chavales a quienes se les había alabado su *inteligencia* se escabulleron e hicieron el test más fácil.

La conclusión de Dweck fue: «Cuando elogiamos a los niños por su inteligencia, les decimos que de esto precisamente va el juego. Parecer inteligente, no arriesgarse a cometer errores». Y esto exactamente es lo que aquellos alumnos de quinto habían hecho al decidirse, la segunda vez, por el test más fácil. Optaron por parecer inteligentes y evitar el peligro de sentirse avergonzados. Decirle a la persona que es inteligente, tenga cinco, quince o cincuenta años, no le infunde confianza necesariamente. En cambio, decirle que ha hecho un buen trabajo, es decir, alabarla por su esfuerzo, no sólo le da seguridad en sí misma, sino que la alienta a probar con un reto mayor aún. Tener confianza no significa que uno no vaya a cometer más errores; significa que sabrá que puede intentar lo que sea y manejar los resultados, sean positivos o no.

En ulteriores estudios sobre el impacto del elogio en los niños, Dweck descubrió algunas verdades incómodas sobre los jóvenes a quienes se elogia en exceso, concretamente que son más propensos a tratar de derribar a los demás. Por ejemplo, alumnos a los que se les pasaban dos test de coeficiente intelectual y, al acabar el primero, se les ofrecía la posibilidad de optar entre aprender una nueva estrategia para el segundo test y averiguar cómo habían hecho el primero en comparación con sus compañeros de clase, los alumnos a los que se les elogiaba su inteligencia querían saber las puntuaciones de su clase, en lugar de prepararse para la segunda prueba. Los que vieron que les elogiaban el esfuerzo decidieron con buen ánimo realizar el segundo test.[1]

Al ir subiendo por los distintos niveles de enseñanza, muchos alumnos que han rendido perfectamente hasta un determinado momento tienen más problemas cuando han de enfrentarse a estudios que requieren más trabajo y esfuerzo. Quienes atribuyen el éxito anterior a una capacidad innata, a veces pueden sufrir de verdad, y acabar por creer que tal vez sean irremediablemente ineptos. No logran mejorar las notas, porque lo que podría enderezarlos —esforzarse más— lo consideran una prueba más de su fracaso. Así ocurre cuando, en las entrevistas con investigadores que se ocupan de estos temas, muchos de esos alumnos inteligentes admiten haber pensado en serio en copiar, en hacer trampa. Es un indicador significativo de falta de confianza; creen que necesitan algún tipo de ventaja añadida, porque no se bastan consigo mismos.

La capacidad de reaccionar ante el desengaño, o incluso el fracaso, con un mayor esfuerzo es un rasgo psicológico bien conocido. Quienes poseen esta tenacidad se recuperan bien y saben mantener la motivación durante largos periodos de gratificación pospuesta. ¿Por qué? Porque confían en que, al final y gracias a sus mayores esfuerzos, conseguirán lo que se proponen.

Esto significa que pueden confiar en sí mismos, y se sienten con fuerza para competir con los demás. Por esto, la persona realmente segura de sí misma no necesita minar el ánimo de los demás. Asimismo, en su caso, copiar o hacer cualquier otro tipo de trampa redundaría en su propio perjuicio, porque demostraría que no puede lograr nada por sus propios medios.

Las compañías

Como acabamos de ver en el caso del Diario de la Confianza de Jon, las compañías de que nos rodeamos inciden profundamente en nuestra confianza. Pregúntate: ¿qué impacto producen en mis niveles de confianza las personas de quienes me rodeo? ¿Me dejan donde estoy? ¿Me perjudican? ¿Me benefician?

La primera vez que Vivienne vino a verme para iniciar conmigo un programa de coaching, acababa de abandonar un buen empleo de periodista a sueldo de un periódico de ámbito nacional, un trabajo por el que otros hubieran hecho cualquier cosa, cualquiera, que les hubieran pedido.

Era evidente que la decisión de Vivienne de dejar aquel empleo no había sido fácil. Llevaba en él ocho años, se había ganado la reputación de una gran especialista en su campo, era por entonces la única que llevaba dinero a casa, y pese a todo había roto el cordón que la sujetaba a la seguridad económica y a su sentido del «yo». Me sentía intrigado. No se me ocurría hacerle más que una pregunta: ¿por qué?

«Visto desde fuera, parecía que lo tuviera todo —me dijo—. Era un magnífico trabajo, y había trabajado muchísimo durante veinte años para conseguirlo, pero —y es un «pero» de suma importancia— tenía su precio, un precio que ya no quería seguir pagando.» El precio era el profundo impacto que le estaba produciendo en su autoconfianza.

«Los editores para quienes trabajaba pensaban que me habían "hecho", y tenían muy claro que, del mismo modo, me podían "deshacer" —me decía—. No reconocían todo el trabajo que había invertido para llegar a ser una especialista en mi campo, sino que se comportaban como la zorra de Esopo que, al no poder alcanzar las uvas que pendían de una hermosa parra, quería convencerse de que estaban verdes; pura envidia. A fin de cuentas, ellos tenían que fichar por la mañana y por la tarde, y, por lo que creían saber, yo me pasaba el día entre manicuras y comidas, de las que me alejaba sólo para redactar mi columna, como quien dice, mientras dormía. Sabía que me retenían donde me encontraba, y evitaban activamente que progresara en mi profesión.

»Mi columna tenía un éxito espectacular, y generaba mucho dinero a las empresas que recomendaba o sobre las que escribía. Había trabajado muchísimo entre bambalinas para hacerme un nombre, pero de repente sentía como si me hubiera convertido en la mejor amiga de todos, no por mí, sino por lo que podía hacer por ellos. Ni siquiera podía tomarme un café con alguien sin que la persona en cuestión quisiera sacarme algo. Al final, me levanté una mañana y desconecté el teléfono de mi despacho, cambié mis direcciones de correo electrónico y dejé el trabajo. Me pasé llorando el resto del día. Estaba muy triste, pero entre las uvas verdes de unos y el acoso de muchos para conseguir que les hiciera publicidad, sabía que no deseaba seguir más por aquel camino.»

Cuando conocí a Vivienne, batallaba contra la pérdida de identidad que le supuso la dimisión: puertas que se le solían abrir de par en par, ahora se le cerraban con llave, y el teléfono había dejado de sonar. Pero se mantenía firme, y no lamentaba la decisión de haber dejado aquel trabajo.

«Sigo teniendo todas las habilidades en cuya consecución empleé veinte años, y sé que ahora, cuando suena el teléfono, lo más probable es que sea alguien que realmente se preocupa por mí —y no de lo que me pueda sacar—, y aunque estoy sin un céntimo y no es fácil encontrar trabajo, sé que voy a sobrevivir. Sencillamente, estoy mucho mejor sin toda esa gente en mi vida.»

Lo que a Vivienne le dio seguridad en sí misma no fue aquel trabajo de renombre, sino tener la valentía de abandonarlo. Sólo entonces pudo avanzar hacia otro tipo de vida y emplear el tiempo con personas que la valoraban y realmente le daban nuevas oportunidades para que escribiera. Así que hoy sigue pagando sin problemas su hipoteca.

La autoconfianza es una fuerza interior y una fe en uno mismo. Es frecuente que nazca de unas circunstancias que uno nunca imaginaría. A veces, cuando la persona se encuentra sometida a una gran presión y se siente de todo menos segura de sí misma, es cuando sienta las bases de esa confianza. La auténtica autoconfianza nace a menudo de la adversidad: uno se impone al reto; sobrevive; puede incluso que prospere. De modo que la persona puede forjarse realmente la seguridad en sí misma en las situaciones más duras, porque se da cuenta de que posee todo lo necesario para superarlas.

SEGUNDA PARTE

LA CONFIANZA APLICADA

4

Desarrollar una confianza todoterreno

Lo bueno de los vehículos todoterreno es que están preparados para cualquier situación climática y para todo tipo de parajes. Lo que más quisieras es que tu confianza fuera también así. Para conseguir este tipo de resistente rendimiento en el que poder apoyarnos, nos debemos emplear en cierta Ingeniería de la Confianza.

Con la Rueda de Equilibrio de la Confianza podíamos identificar algunas de las áreas más comunes en que se muestran las cuestiones de la confianza, y ver cuál era nuestra situación actual en este sentido. Las personas solemos servirnos de nuestras virtudes y evitamos nuestras debilidades, pero no es probable que así nos forjemos una confianza de aplicación general; lo que hacemos con ello es sentirnos cada vez más seguras de aquello en lo que ya nos sentimos seguros.

Los vehículos todoterreno tienen un sistema de tracción por el que la energía mecánica se transmite del árbol de transmisión a todas las ruedas. Eso les da una versatilidad increíble y la posibilidad de controlarlos es mucho mayor, cualesquiera que sean las condiciones en que se conduzca.

Si quieres sentirte como si estuvieras conduciendo uno de estos vehículos, necesitarás una confianza con esta misma versatilidad mientras avanzas por la carretera de la vida. Por esto quiero exponerte lo que construye, o destruye, confianza. Son las bases que necesitas si quieres aumentar la confianza en ti mismo de forma permanente.

En primer lugar, te quiero presentar los Cuatro Pilares de la Confianza sobre los que descansa casi todo lo que hacemos que mejore la confianza. Luego quiero que te familiarices con las Cuatro Llaves de la Confianza.

Centrémonos primero en los pilares, y después lo haremos en las llaves; así podrás forjarte sin duda alguna una confianza todoterreno.

Los Cuatro Pilares de la Confianza

Si quieres experimentar una confianza auténtica y duradera, y todos los beneficios que de ella derivan, debes reconocer que tu confianza física, tu confianza mental, tu confianza emocional y tu confianza espiritual son todas igualmente merecedoras de tu atención, porque cada una puede afectar a las otras tres. En lo que sigue verás qué son y qué puedes hacer tú con ellas.

Pilar 1: la confianza física

Cuando se goza de buena salud, la confianza física es algo que la mayoría damos por supuesto. Pero cuando irrumpe la enfermedad, o tenemos algún accidente, la pérdida de confianza puede ser súbita y demoledora. Sin embargo, el impacto no es tan grande si se tiene ya algo guardado en las demás cuentas de ahorro de confianza.

Hace poco fui al dentista y me habló de su madre, ya mayor, que llevaba confinada en su casa ocho años, desde que «tuvo aquel accidente». La mujer tropezó en el sendero de acceso a su casa, se cayó y se rompió la muñeca. «No ha vuelto a ser la misma. Perdió toda la seguridad en sí misma y, en muchos sentidos, parece que las cosas no dejan de empeorar —me contaba el dentista—. Antes llevaba una vida muy activa, y ahora apenas logro convencerla para que salga de casa.»

El tiempo, que «todo lo cura», en lugar de ayudar a esta mujer a recuperarse del impacto del accidente para que pudiera volver a su yo anterior y más seguro de sí, minaba con su avance, la confianza que tenía en ella misma.

Lo que había sido un impacto físico empezó por afectar prácticamente a todos los ámbitos de su vida. En un esfuerzo por autoprotegerse, la mujer se había recluido en un mundo cada vez más reducido. Ocho años después del accidente, el único lugar seguro era su casa. Hay en esto una importante lección que todos podemos aprender, y es que cualquier pérdida de confianza se puede agravar progresivamente y producir a largo plazo un impacto que nos cambie la vida, en especial si tratamos de ignorarla.

Es lógico que decidas el momento de actuar y te asegures de que estás lo más preparado posible, pero una regla general con la que suelo prevenir a mis clientes es que la evitación es la enemiga de la confianza.

¿Qué podrá forjar, entonces, tu confianza física? Para uno de mis clientes era ¡aprender a dar volteretas laterales y saltar una valla de cinco barras! Eran dos cosas que de niño nunca consiguió hacer, mientras veía con admiración y envidia cómo las hacían los demás niños. Cuando ya adulto se dio cuenta de que también él podía hacer esas cosas, descubrió una nueva sensación de seguridad en su cuerpo, porque sabía que también él podía dominar unas habilidades físicas. Decía: «Ya no me siento un pelele». Era un asunto pendiente que arrastraba desde la infancia, y cuya resolución cambió tanto lo que sentía sobre su cuerpo, como su autoimagen física. En realidad, no le costó mucho dominar ambas destrezas, pero hacerlo le dio una satisfacción enorme, y aumentó muchísimo su nivel general de confianza.

¿Qué harías en tu caso? ¿Qué desafío físico te podrías plantear que te diera una nueva forma de reconocer lo que tu cuerpo es capaz de hacer cuando inviertes en él tiempo y atención? Para un cliente, era el baile de salón; para otro, los juegos de manos. Ambos consiguieron sentirse físicamente mejor, y además, sus cuerpos les generaban un sentimiento distinto. Y todo ello hacía que ellos mismos se sintieran distintos.

Una de las mejores formas de desarrollar, aumentar y mantener la confianza física, cualquiera que sea tu punto de partida, es tomar la decisión de implicarte en tu propio cuerpo. Lo puedes hacer de mil formas distintas. Puedes, por ejemplo, observar qué alimentos hacen que te sientas cansado y cuáles te dan más energía; a qué hora del día te sientes mejor; qué te es físicamente placentero: un masaje, andar, correr, o cualquier otra cosa.

En vez de dar por sentado que conservarás tu buena salud, invierte ahora en el futuro. También esto se puede hacer de muchas maneras, y no tiene por qué exigir ningún gran esfuerzo. Todas las mañanas, al vestirme, me pongo deliberadamente los calcetines de pie, porque es una buena forma de mejorar el equilibrio. Cuando empecé a hacerlo, a veces resultaba cómico observarme. Ahora es muy sencillo. Me anima, porque el equilibrio es fundamental para el bienestar físico. (La pérdida del equilibrio es una de las principales causas de lesiones en las personas mayores.)

El ejercicio y el cuidado físico no sólo te ayudarán a sentirte bien hoy, sino que incrementarán la confianza de disfrutar de buena salud.

Pilar 2: la confianza mental

La confianza mental no tiene nada que ver con afirmaciones mecánicas que esperas que más tarde se hagan realidad por arte de magia. (Paradójicamente, este tipo de declaraciones en realidad pueden minar la confianza si no dejas de decirte que puedes hacer algo y sigues viendo que no puedes.)

A tu nivel de confianza mental le afectan directamente tu diálogo interior y las películas que te proyectas en la mente. Por esto te será útil contar con las herramientas para abordar uno y otras.

Nunca insistiré bastante en que el tono de voz, las palabras que empleamos y el sistema de creencias que nuestra voz interior refuerza producen un profundo impacto en el grado de seguridad que tenemos en nosotros mismos. Si esa voz dice: «¡Vaya, ya la he vuelto a fastidiar; es el colmo! ¿Por qué me pasa siempre lo mismo? ¿Qué me ocurre?», no te va a servir de ninguna ayuda en tu deseo de construir o ni siquiera mantener tu confianza. Pero puedes hacer muchas cosas para cambiar esto.

Uno de mis clientes se veía asolado por el diálogo interior negativo, que incluso lo mantenía desvelado por la noche. Cuando le pregunté dónde estaba alojada la voz interior, me miró extrañado un momento, y luego se señaló el lado derecho de la cabeza. Le propuse que trasladara la voz al lado izquierdo de la cabeza. Y en cuanto lo hizo, sonrió; le sorprendió la gran diferencia que notaba. Luego le sugerí que probara de alejar la voz hacia el exterior, a un palmo de ese punto izquierdo de la cabeza. Dio un profundo suspiro. «Ya no me siento abrumado.» Cuando apartó la voz dos palmos, observó que el volumen y el tono habían cambiado. El diálogo interior era más sosegado, y más agradable de escuchar: «Ya no parece una crítica constante». Ahora mi cliente podía escuchar lo que se decía, y evaluar racionalmente si era un punto de vista válido o no.

Técnicamente, estas pequeñas intervenciones se conocen como ajustes de una submodalidad (en la página 110 encontrarás más detalles sobre las submodalidades de la PNL). Estábamos introduciendo cambios en la modalidad auditiva. La ubicación, la distancia, el timbre y el volumen son subcomponentes de toda experiencia auditiva, y ahí es donde estábamos interviniendo. He perdido la cuenta de la cantidad de veces que estas sencillas intervenciones han producido un profundo impacto en las personas. Quizá también tú sientas curiosidad por tu propio diálogo interior: no sólo por lo que dices, sino por cómo lo dices.

La persona que está realmente a cargo de tu confianza mental no es el jefe que te despidió, ni el cónyuge que te dejó, ni el adolescente que te dijo que te odiaba. La persona que puede determinar el grado de tu seguridad mental y en qué medida lo puedes conservar eres tú mismo. Lo que tú te dices —tu diálogo interior— y cómo te muestras en tu mente —tu película interior— son lo que va a marcar toda la diferencia.

Podemos hacer ajustes profundos similares en tu película mental. Piensa en algo que te haya producido un gran impacto, y quizá te lo siga produciendo. Tal vez fuera una discusión con un compañero del trabajo, la última conversación con tu ex pareja, o que te dijeran que iban a despedirte del trabajo.

Ahora reproduce este escenario ante el ojo de tu mente. Observa cuáles de los siguientes cambios de submodalidad te producen mayor impacto:

- Pasa la película en color.
- Pasa la película en blanco y negro.
- Pasa la película en sepia.
- Imagina que giras un botón para darle «más brillo» a la película en tu mente.
- Imagina que giras un botón para «oscurecer» la película en tu mente.
- Aproxímate con el zum al escenario, acércatelo más.
- Y ahora al revés: aléjatelo con el zum.
- Detén la película en foto fija.
- Dale más contraste a la película, mayor definición.
- Desenfoca la película.

Al hacer estos cambios, verás los diferentes efectos que cada uno te produce. Los diversos cambios afectan a las personas de forma distinta, por esto es útil averiguar cuál es el que en tu caso tiene mayor fuerza. Dicho esto, hay una serie de reglas generales que se cumplen la mayoría de las veces.

Al pasar la película en tono sepia, al quitarle luz, al alejar la escena, al imaginarla en foto fija o desenfocada, verás que una escena normalmente tiene menos impacto y te altera menos que cuando la ves en color, con mucha luz, cerca y perfectamente enfocada.

Con estas submodalidades que hacen que el escenario te parezca antiguo y distante, has aprendido a demostrarte que esta experiencia es algo que ha ocurrido. Está en el pasado. No es una especie de pesadilla en marcha. No está pasando ahora. Y esto significa que, cuando pienses en ella de esta forma «distanciada», producirá en ti menos impacto, y no volverá a hacerte añicos la confianza.

Lo que aquí estás haciendo es emplear las artes del cinematógrafo. Al ser tu propio director, consigues hacer tus propias películas, unas películas que realmente te funcionan.

Pilar 3: la confianza emocional

La fluctuación de los estados interiores o emociones, buenos y malos, agradables y desagradables, es una parte constitutiva del ser humano. Sentirte emocionalmente seguro de ti mismo significa tener suficiente confianza para experimentar toda la variedad de emociones sin sentir pavor ante la posibilidad de que alguna en particular te abrume.

Si quieres aumentar tu confianza emocional, te será útil que consideres las emociones y los estados con los que menos cómodo te sientas, porque probablemente son los que más empeño pones en evitar, y es probable que esto signifique que, en tu propósito interior de evitar estos sentimientos, posiblemente evites hacer determinadas cosas, con lo que reduces tus opciones conductuales.

Habrás visto, quizás, a alguien que se pone blanco de miedo o rojo de cólera. Tal vez tú mismo te hayas sentido agarrotado por la aprehensión, para después relajarte, al recibir la confirmación que necesitas de saber que estás a salvo y que todo va bien. Nuestro cuerpo reacciona ante nuestros sentimientos y los delata, aunque preferiríamos mantenerlos ocultos. Cuando nos sentimos realmente seguros, podemos dejar de ocultar nuestros sentimientos; los podemos manifestar de forma sana y positiva.

Un signo de sentirse emocionalmente seguro es que no temas tener miedo, que sepas que la tristeza y la pena cumplen un fin curativo y que, con el tiempo, se desvanecen, y que la cólera no va a convertirte en un increíble Hulk.

Para ganar confianza emocional, no necesitas más que tener el coraje de permitirte experimentar esas emociones, y luego dejar que pasen.

Una de las herramientas emocionales que elaboré y que las personas encuentran particularmente útil es lo que yo denomino el estado base. Es cuando te pasas la mayor parte del tiempo vagando por tu interior. A veces puede haber acontecimientos extraordinarios que te provoquen gigantescos cambios de estado y grandes sentimientos, pero tu estado base es el que sientes como más familiar: la norma a la que vuelves cuando no ocurre nada fuera de lo habitual. Sea agradable o no, al menos es familiar, por lo que se convierte en parte de lo que crees que eres.

Jane vino a verme porque se sentía ansiosa y preocupada la mayor parte del tiempo. La ansiedad era su estado base. Me dijo que se sentía así desde que era niña y pasaba mucho tiempo con su madre. Pero cuando dijo: «Soy una persona muy ansiosa, me preocupo mucho», no pensé realmente que le fuera útil llevar este estado a un nivel de Identidad, y le dije: «¿Estás segura?» Me miró sorprendida. Era evidente que mi pregunta le había llamado la atención. Por lo que continué: «Cuando te sientes ansiosa y preocupada, ¿en quién piensas?» Sin meditarlo ni un momento, contestó enseguida: «En mi madre». A continuación le pregunté: «Entonces, ¿de quién son esa ansiedad y esa preocupación?» Su respuesta le cambió la vida: «¡De mi madre!»

El que había sido su estado base durante la mayor parte de su vida ni siquiera le pertenecía. Al igual que todos los niños, fue una excelente aprendiz, y aprendió de un especialista cómo afrontar la ansiedad. Había dado por sentado que ese estado base estaba muy integrado en ella misma, por lo que formaba parte de quien era. Ahora podíamos comenzar a analizar cómo podría ser ella si empezara a ser ella misma.

No es muy frecuente que la persona sepa modular su manera de sentir, ni que la forma en que se ha acostumbrado a sentir no sea necesariamente cómo necesite pasar sintiendo el resto de su vida.

Párate, pues, un momento a considerar cómo te sientes la mayor parte del tiempo. Éste es tu actual estado base. ¿Te funciona? ¿Quisieras mejorarlo o, quizá, cambiarlo por completo? En ambos casos, saber qué es lo que lo desencadena va a ser muy útil, como lo es también saber cuáles son los desencadenantes que te generan mayor cantidad de tus sentimientos preferidos. Y aquí es donde te puede ser útil prestar atención a los desencadenantes que haya en tu vida, para luego asegurarte de que acumulas más de los buenos.

Permíteme que te pida que reflexiones un momento:

- ¿Qué es lo que hace que te sientas más vivo?
- ¿Qué te levanta el ánimo?
- ¿Qué te proporciona alegría?

¿Hay actualmente en tu vida la suficiente cantidad de todo ello? Acumúlalo con regularidad, y cambiarás a mejor tu estado base. Cuando mejoras tu estado base, refuerzas los cimientos de tu confianza.

Pilar 4: la confianza espiritual

Cuando tienes confianza espiritual, sabes qué te propones, porque sabes lo que te importa, por qué es importante y cuál es tu objetivo; todo esto hace que la vida sea significativa, y te orienta en ella.

He visto con frecuencia que las personas, por mucho éxito que tengan en la vida, a menudo no se sienten realizadas hasta que se emplean en esta área de la vida. Y en realidad es muy fácil hacerlo. La mejor forma de demostrártelo es preguntarte lo que les pregunto a ellas, y analizar algunos de los aspectos que se planteen al hablarte con sinceridad de mi propia experiencia.

El beneficio que obtienes de contar con esta confianza espiritual es que tendrás la valentía de seguir buscando lo que realmente te importa. No vas a dar necesariamente con las respuestas, ni sabrás siempre lo que te convenga hacer, pero te sentirás seguro de confiar en el camino que tomes.

¿Por dónde empezar, pues? A menudo lo hago preguntando a la persona: «¿Qué te resulta inspirador?» En mi caso, ver que las personas realmente se van haciendo a sí mismas y cada vez son más lo que realmente pueden ser. Aun después de tanto tiempo, es lo que hace que me despierte pronto e ilusionado los días en que sé que voy a dirigir un programa en el que todo esto empezará a ocurrir de nuevo ante mis ojos. A lo largo de los últimos treinta años, he creado muchos vehículos para hacerlo, unos a disposición del público, otros no. Para ello he participado en proyectos empresariales con todo tipo de personas y organizaciones. Algunos han funcionado increíblemente bien; otros no. En este proceso he visto lo mejor y lo peor de las personas.

A veces me he sentido traicionado, pero esto nunca ha perturbado mi convicción de que si a la persona se le dan un entorno seguro y unas herramientas para ocuparse de sí, empieza a encontrarse cómoda consigo misma —y de que, al hacerlo, descubrirá que necesita hacer con su vida algo que le importe—. En resumen, querrá vivir una vida con intenciones y propósitos, y esto significa que deseará empezar a configurar su vida.

Para mí, se trata de una misión espiritual: crear el contexto en que las personas puedan alcanzar su esplendor. En todo lo que hago me rijo por esta idea. Las personas de mi equipo suelen decirme que es duro mantenerse al día de la cantidad de iniciativas que quiero poner en práctica. Unas funcionan y otras no. En el segundo caso, es posible que me sienta decepcionado, pero nunca pierdo de vista la razón que me llevó a emprender esas actividades. Siempre son unos medios para alcanzar ese fin, nada más. (Lo mismo ocurre con la PNL.) Y esto me da una forma especial de confianza para seguir trabajando. Es mi confianza espiritual.

Ocurre muy a menudo que las personas confunden lo espiritual con lo religioso. He conocido muchas personas que profesan una religión que no parecían en modo alguno espirituales. También he conocido algunas a quienes consideraba profundamente espirituales y que no profesaban ninguna religión. Y luego están las personas que llamo «evangélicas»: son entusiastas, celosas de todo lo que a ellas les ha funcionado, y piensan que todo el mundo debería hacerlo. Puede tratarse prácticamente de cualquier cosa. A lo largo de los años, he visto a unas pocas personas que han intentado hacer de la PNL la respuesta para todo. Para mí, sin embargo, la cosa es muy simple: la PNL es un buen sirviente, pero sería un mal señor. ¿Por qué? Porque, como toda tecnología y como toda forma de pensar, debe estar al servicio de algo más grande que ella misma.

Si piensas en cómo se utiliza la palabra «espíritu», te harás una idea de este significado más profundo. Aquí tienes algunos ejemplos:

Cumplió con el espíritu del acuerdo, no sólo con la letra de la ley.
Todo lo que hizo seguía el espíritu de lo que su maestro deseaba.
Ha sido una interpretación enérgica, de elevado espíritu.
Sus palabras le inspiraron la excelencia.
Lo que tenía que decir era realmente inspirador.

¿Qué significa inspirar? En inglés, y según el diccionario *on line* Merriam-Webster, significa «ejercer una influencia estimulante, exultante o que genere alegría». Nada tiene de extraño, pues las palabras *espíritu*, *es-*

piritual e *inspirar* tienen la misma raíz etimológica: proceden de *spirare*, palabra latina que significa «respirar».

De hecho, en inglés hay multitud de palabras de las que forma parte esta «respiración», este principio vivificador: *respiration* es *re-spire* o volver a respirar; *conspire* [conspirar] es respirar juntos; *aspire* es literalmente inspirar ruidosamente; *transpire* es salir con o a través de la respiración; *expire* [expirar] es echar el último aliento; e *inspire* es introducir el aire en los pulmones.

Cuando la persona es capaz de sentir que vive para alcanzar una meta, experimenta de forma completamente distinta la sensación de estar viva. Sabe priorizar fácilmente, porque algunas cosas la llevan en un sentido que le es significativo y otras no; y en consecuencia le pueden parecer menos importantes, o incluso triviales.

Para todo ello, necesitas saber qué cosas te importan. Así que tus valores son fundamentales. Al principio, muchas personas no están seguras de cuáles son éstos. Pero los valores están siempre ahí, a la espera de que los expresemos con palabras. Una forma de hacerlo es observar qué es lo que te enfada. Todo lo que te enoje va contra tus valores. Así que, si te pone furioso ver que alguien acosa a las personas, es evidente que tienes unos determinados valores sobre cómo hay que tratar a la gente.

Una vez que sepas lo que te importa, el paso siguiente es empezar a vivir estos valores. Cuanto más lo hagas, más cómodo estarás contigo mismo. Y la mayor parte del tiempo te sentirás seguro de ti mismo, sin conflicto interior alguno. ¿Por qué? Porque eres sincero contigo mismo y lo eres también con lo que te importa. Vivir tus valores significa que también quieres encontrar un trabajo que no esté en contradicción con ellos.

Así pues, te vuelvo a preguntar: ¿qué cosas te resultan inspiradoras? Pon en tu vida mayor cantidad de estas cosas, y te puedo asegurar que experimentarás una nueva forma de confianza. Esta confianza espiritual te dará nuevas esperanzas, porque respirarás una nueva vida.

Tus Cuatro Llaves de la Confianza

Desde sus inicios, la PNL se ha centrado en observar lo que funciona, dondequiera que se encuentre. Esto la convierte en un sistema a la vez muy global y muy riguroso: global e integrador, porque nos interesamos por todo lo que funcione, sin que importe su procedencia; riguroso, porque únicamente nos interesa si un sistema funciona de verdad y si puede dar resultados que merezcan la pena.

Si quieres aprovechar la experiencia y la pericia de quienes te han precedido y de quienes están trabajando actualmente en este campo, una idea inteligente es reunir información y supervisar el campo. Un filtro de PNL que conviene aplicar es: ¿qué es lo que mejor funciona? Este filtro te permite extraer lo fundamental y, al mismo tiempo, evitar que te quedes empantanado en lealtades tribales a cualquier otro sistema.

Quiero compartir contigo cuatro llaves de la confianza que emergen al hacer lo dicho.

Primera llave de la confianza: el optimismo

> *El optimismo es la fe que conduce a los grandes logros. Nada se puede hacer sin esperanza ni seguridad en uno mismo [...]. Ningún pesimista ha descubierto jamás el secreto de las estrellas, ni se ha aventurado por tierras inexploradas, ni ha abierto puerta alguna al espíritu humano.*
>
> HELEN KELLER

Al psicólogo y profesor estadounidense Martin Seligman se lo suele llamar el padre de la psicología positiva —el estudio del funcionamiento humano óptimo—, cuya pregunta esencial es: ¿qué hace que las personas se sientan felices y a gusto tal como son, y qué intervenciones pueden ayudarlas a ser felices y sentirse bien? Seligman señala: «La base del optimismo no está en las frases ni en las imágenes positivas de la victoria, sino en cómo piensa la persona acerca de las causas».

Define esta actitud como «optimismo explicativo», que nos proporciona una forma nueva de entender las raíces del optimismo. «Todos tenemos nuestro propio estilo explicativo; una forma de pensar sobre las causas de las cosas que ocurren en nuestra vida. En la infancia desarrollamos nuestro estilo explicativo y, a menos que se den pasos deliberados para cambiarlo, perdurará durante toda nuestra vida, y es el prisma a través del cual nos explicamos por qué nos suceden las cosas, buenas o malas».[2]

Seligman sostiene que hay tres dimensiones especialmente importantes en la determinación de cómo nos explicamos los sucesos y, por consiguiente, qué significado les damos: la permanencia, la omnipresencia y la personalización.

El optimismo es una habilidad de razonamiento que se puede aprender. Merece la pena comprobar cómo se muestran actualmente estas tres dimensiones en tu vida. ¿Por qué? Porque si eres más optimista, no hay duda de que tendrás mayor confianza.

La permanencia: lo permanente frente a lo pasajero (¿cuánto va a durar?)

La persona que tiene un estilo explicativo pesimista da por supuesto que, cuando algo va mal, ésta es «la norma», que siempre persistirá y siempre estará presente para afectar negativamente a su vida. De ahí nace un sentimiento de impotencia. Cuando ocurren cosas buenas, el pesimista las explica de forma que sugiere que son el resultado de causas, e incluso de estados de ánimo, pasajeros y en los que no se puede confiar.

En cambio, quien tiene un estilo explicativo optimista ve que los contratiempos son pasajeros. Se dice a sí mismo que, aunque las cosas hayan ido mal esta vez, irán mejor la próxima. Esto le da una gran «resiliencia», la capacidad de asumir con flexibilidad situaciones límite y sobreponerse a ellas. Y cuando ocurren cosas buenas, sus explicaciones atribuyen invariablemente esos resultados a unas causas permanentes, por ejemplo, a los rasgos de su carácter y a sus habilidades.

La omnipresencia: lo específico frente a lo global (¿qué amplitud tiene?)

Los pesimistas tienden a pensar que los sucesos indeseados tienen una explicación global («Siempre ocurre lo mismo»). Por esto suelen generalizar («La gente siempre...») e incluso convertirlo todo en una catástrofe («Las cosas sólo podían ir a peor, y resulta que han ido peor aún»). A los optimistas tampoco les gusta el fracaso, pero lo ven como un caso especial, una excepción de la norma. El fracaso tiene una causa concreta («Esta decisión en particular fue un error, pero no por ello he dejado de saber tomar buenas decisiones»).

¿Y cuando todo va bien? Los pesimistas ven el éxito como algo muy específico y limitado a un determinado conjunto de habilidades y un contexto concreto («Recuerdo los nombres de las personas, eso es todo»). Para los optimistas, los acontecimientos buenos son algo natural y de importancia global en su vida. Atribuyen el éxito a un rasgo de aplicación universal («Siempre me he llevado bien con la gente»).

La personalización: lo interior frente a lo exterior (¿es a mí o a los demás?)

Se trata aquí de a quién se culpa cuando las cosas van mal. Los pesimistas se culpan a sí mismos e interiorizan el problema; los optimistas tienden a culpar a los demás o a los sucesos que escapan a su control, de modo que exteriorizan la causa.

Las personas que se culpan a sí mismas suelen tener un bajo nivel de confianza, mientras que quienes saben encontrar explicaciones externas de por qué algo ha ido mal, generalmente se sienten más positivos consigo mismos y tienen unos niveles de confianza más altos.

No se requiere mucha imaginación para ver que estos diferentes patrones de reacción inciden en nuestra confianza y nuestra autoestima. Todo el mundo se va a encontrar con contratiempos; la manera que te los expliques determinará el significado que tendrán para ti, y cómo te sientas contigo mismo. Esto no significa que no vayas a tener sentimientos autocríticos, ni que jamás te vayas a sentir desanimado. Pero las explicaciones causales optimistas te dan fuerzas para actuar en tu vida; en lugar de sentirte impotente, puedes hacer algo para que a partir de ahora las cosas cambien.

El pesimismo pasa una factura de muy elevado importe. Ante la adversidad, los pesimistas suelen sentir una cierta inercia; no tienen la actitud del «levántate y anda» de los optimistas. Además, corren peligro de que empeore su estado de salud, tanto física (por la paralización del sistema inmunitario) como mental (por la mayor susceptibilidad a la depresión).

Piensa en el diálogo interior —lo que nos decimos a nosotros mismos— que suele acompañar a los contratiempos. Hay dos estrategias comunes (y que se pueden aprender): la distracción y la disputa. Los optimistas suelen abordar el diálogo interior negativo de modo muy distinto del de los pesimistas. A veces se limitan a pensar en otra cosa, lo que significa que no se dedican a darle vueltas al asunto sin dejar de reprenderse. Sin embargo, la estrategia más eficaz, con mucho, que muestran los optimistas es la de empezar realmente a debatir con cualquier pensamiento que los limite. Esto significa que ponen en entredicho su propio diálogo interior.

Aunque algunas personas lo hacen intuitivamente, la disponibilidad como estrategia que se puede aprender se debe en verdad al trabajo pionero del psicólogo estadounidense Albert Ellis, el padre de la Terapia Racional Emotiva Conductual. Ellis sostenía que la ansiedad y la depresión son a menudo consecuencia de un razonamiento distorsionado, y que, con el desarrollo de creencias racionales y más sanas, podemos experimentar emociones también racionales y más sanas. Supongamos que se produce un suceso adverso. Con él se activa nuestro sistema de creencias, que desencadena el consiguiente sentimiento. Las diferentes personas pueden reaccionar de forma muy distinta ante la misma experiencia, según sean las creencias que aporten y fomenten.[3]

La experiencia del pesimista:

Suceso activador: El jefe te dice que tu trabajo es insatisfactorio.

Creencia: Simplemente, carezco de lo que se necesita. Soy un inútil.

Sentimiento consecuente: Autoduda, que lleva a la ansiedad y culmina en la depresión.

La experiencia del optimista:

Suceso activador: El jefe te dice que tu trabajo es insatisfactorio.

Creencia: He hecho todo lo que he podido. Tampoco estaba tan mal, y sé que la próxima vez probablemente lo podré hacer mejor.

Sentimiento consecuente: Decepción, pero confianza en poder mejorar.

El Modelo ABC de Ellis es una fantástica herramienta para estimular el optimismo. Con los años se ha ido perfeccionando. Algunas versiones añaden las letras D y E. En síntesis, el Modelo ABC afirma que todos experimentamos prácticamente todos los días de nuestra vida los que pueden ser **Sucesos Activadores (A)**. Éstos pueden ir de los más triviales (no encontramos las llaves del coche) a los que nos cambian la vida (perdemos el empleo, nos divorciamos, fallece un ser querido). Sean triviales o de gran importancia, estos sucesos nos provocan pensamientos que se convierten en **Creencias (B** [Beliefs]**)** sobre ellos, sobre las circunstancias que los rodean y sobre nuestro papel en ellos. Estas creencias desencadenan los **Sentimientos Consecuentes (C)**.

Para superar las creencias inútiles (no encontrábamos las llaves del coche porque todo el mundo está en nuestra contra), debemos recurrir a la **Disputa (D)**, que significa no aceptar este estilo explicativo pesimista. Al conseguir cuestionar las creencias inútiles, nos sentimos **Energizados (E)**: más optimistas sobre nuestra vida y, en consecuencia, con mayor confianza.

El optimismo, como ocurre con casi todo, también puede ser contextual, es decir, más evidente o desarrollado en unos contextos que en otros. Es posible que seamos más optimistas en algunas áreas de nuestra vida que en otras. Volvamos a la Rueda de Equilibrio de la Confianza. Observa la tuya y pregúntate si eres capaz de manejar los contratiempos de unas áreas mejor que los de otras. Según el profesor Seligman, también hay entre los sexos unas diferencias que, dice, pueden explicar por qué los hombres alcanzan puestos superiores en la escala profesional. Dice Seligman que los hombres son más optimistas sobre el trabajo y culpan del fracaso a factores pasajeros, locales y externos, pero son pesimistas sobre los fracasos en las relaciones, de los que culpan a causas permanentes, omnipresentes y personales. Las mujeres son todo lo contrario: pesimistas sobre los logros y optimistas ante los reveses sociales.

El optimismo no es una cierta determinación alocada, al estilo de Pollyanna,* de pensar que las cosas siempre se producen para bien. Es una explicación causal. Contamos ya con dos décadas de estudios que demuestran que el beneficio de adoptar una actitud más optimista ante el mundo no sólo es una vida más feliz y con mayor confianza, sino también una vida más larga.

* Personaje de una novela de Eleanor H. Porter, una niña educada con optimismo por su padre, y que juega a buscar siempre el lado bueno de cualquier situación para alegrar la vida de todos los que la rodean. *(N. del T.)*

Las investigaciones del psicólogo Mika Kivimaki, del Instituto Finlandés de Salud Ocupacional, del Centro Nacional de Estudios y Desarrollo del Bienestar y la Salud, han demostrado que el optimismo también puede reducir el riesgo de problemas de salud, y que realmente contribuye a que la persona se recupere después del *shock* de algún suceso que le haya cambiado la vida, como la muerte del cónyuge o de un hijo, o quedarse sin trabajo. Después de una gran crisis vital, los pesimistas están de baja más tiempo que los optimistas, y corren el grave peligro de ceder ante la adversidad, porque se dicen y aceptan pasivamente, que nacieron, como dice el refrán inglés, para «sacar siempre el palillo más corto», es decir, para ser siempre los perdedores.

«No tenemos por qué vivir así —dice el doctor Kivimaki—. Cuando ocurre algo malo, debemos ponernos en acción y batallar por dar con las explicaciones del "no a mí", "no siempre" y "no todo", para a continuación centrarnos en ellas. Para algunas personas, podría ser ésta una cuestión de vida o muerte.»[4]

Es interesante observar que cuando manejamos un modelo explicativo causal optimista, también tenemos mayor capacidad de afrontar los miedos. Los estudios revelan que las personas optimistas suelen prestar más atención que las pesimistas a la información que las puede ayudar a reducir los peligros para la salud. En un estudio de Lisa Aspinwall, profesora asociada de la Universidad de Utah, se observó que, cuando se daba información sobre el cáncer y otros problemas graves de salud, las personas optimistas dedicaban más tiempo que las pesimistas a leer el material sobre «riesgos graves» y lo recordaban mejor.

La conclusión de la profesora era: «La razón es que, al ser optimistas, están dispuestos a hacer de tripas corazón y emplear tiempo en informarse sobre los problemas graves de salud. Son las personas que no se quedan sentadas deseando que las cosas fueran de otro modo. Creen en la posibilidad de unos resultados mejores, y en que cualquier medida que tomen las ayudará a curarse».[5]

Seas optimista o pesimista, te formas una idea del mundo y de cómo funciona. Desde la perspectiva de los Niveles Lógicos, tu estilo explicativo tiene unas profundas implicaciones. Configura tus Creencias. Éstas, a su vez, influyen en tu sentido del yo (tu Identidad), que afectará a lo que pienses de tus destrezas y habilidades (tus Capacidades) para actuar (tu Conducta), y dónde y cuándo va a ser posible que actúes (el Entorno).

Como veíamos en el capítulo dos, una creencia no es lo mismo que un hecho, lo cual significa que nunca es demasiado tarde para cambiar tus creencias y, de este modo, aprender a ser más optimista.

Los estudios sobre hermanos gemelos revelan que entre el 25 y el 50 por ciento de nuestros principales rasgos de personalidad, entre ellos los niveles de optimismo, los heredamos de los padres. De modo que lo bueno es que se puede intervenir en el otro 50-75 por ciento para ser más optimistas. Una buena noticia, desde luego, para los pesimistas que quieran ser optimistas, pero también para los optimistas de nacimiento que quieran desarrollar mayor optimismo en determinadas áreas de su vida.

EJERCICIO: **El Constructor de Optimismo**

Piensa en un suceso que actualmente te preocupe.

Parte 1

Describe brevemente por escrito:

1. El suceso activador (es decir, lo que haya desencadenado tus preocupaciones).
2. Lo que creas que es consecuencia de ese suceso (por ejemplo, lo que te estás diciendo).
3. Tu sentimiento consecuente (es decir, cómo te sientes siempre como consecuencia de pensar en ese suceso).

Parte 2

Pregúntate:

4. ¿Cuánto va a durar ese tema?
5. ¿Cuán extendido está?
6. ¿Tiene que ver conmigo, con los demás o con ambos?
7. ¿Mi diálogo y mi película interiores me ayudan o me perjudican?

Parte 3

8. Haz todos los ajustes de submodalidad necesarios a tu diálogo y tu película interiores, tal como te indicaba al hablar de la confianza mental (página 76), para que uno y otra te sirvan de apoyo.
9. Con lo que te digas a ti mismo (tu diálogo interior), las películas que te proyectes en la mente y los sentimientos que uno y otras generen, empieza a crear unos futuros positivos alternativos que creas que puedan ser posibilidades a las que dirigir tus esfuerzos.

Segunda llave de la confianza: la resiliencia y la perseverancia

> *Más que la educación, más que la experiencia, más que el entrenamiento, es el nivel de resiliencia de la persona lo que determina que tenga éxito o que fracase. Y así ocurre con el cáncer, con los deportes y en las salas de juntas.*
>
> DEAN BECKER,
> Harvard Business Review, *mayo de 2002*

Ganar seguridad en ti mismo no significa que nunca más vayas a sufrir alguna forma de duda sobre ti mismo, pero sí significa que sabrás manejar mejor el desengaño y hasta el fracaso. Lo bien que sepas hacerlo dependerá en parte de tu capacidad de asumir con flexibilidad situaciones límite y sobreponerte a ellas: de tu resiliencia o capacidad de recuperación.

Cualquiera que sea tu grado de confianza, siempre te encontrarás con momentos duros. Todos debemos ser capaces de aguantar los embates de la vida, y puedes estar seguro de que te los dará; tratar de evitarlos equivale a huir de la propia vida.

La persona resiliente no sólo resiste. Tiene aguante, por supuesto, pero más que esto, sabe recuperarse. Ser resiliente significa ser indomable, sea lo que sea lo que la vida depare. Algunas personas son más resilientes que otras. A veces te sentirás con mayor o menor resiliencia. Observar qué te ayuda a sentirte con esta capacidad y qué la socava será una información muy útil.

Se han hecho estudios sobre este tema. Los psicólogos Karen Reivich y Andrew Shatté, coautores de *The Resilience Factor*, señalan que hay siete destrezas que se pueden aprender y con las que tendrás mayor resiliencia:

1. Averiguar lo que de esencial haya en ti. Dicen los autores que el primer control que ha de pasar la resiliencia es el estilo de razonamiento de la persona.
2. Evitar las trampas de razonamiento, como las de culpar a los demás y sacar conclusiones precipitadas cuando las cosas van mal.
3. Detectar las creencias «iceberg» que flotan por debajo de la superficie de tu mente, y que pueden trabajar en tu favor o en tu contra.
4. Aprender a cuestionar tus propias creencias para que puedas verificar su validez y utilidad.
5. Saber colocar las cosas en perspectiva, en lugar de convertir cualquier percance en una posible catástrofe.
6. Cuando te encuentres en situaciones que te desequilibren, contar con los medios para tranquilizarte y centrar de nuevo tu atención.
7. Ser capaz de lograr la resiliencia en tiempo real, como y cuando sea necesario.

Fíjate en esta lista: ¿cuánto crees que sabes hacer de todo ello? Todas son destrezas que se pueden aprender, y el libro de Reivich y Shatté, cuya lectura recomiendo, ofrece multitud de consejos prácticos para mejorar tus propias habilidades en las siete áreas.

Para formar tu resiliencia y la capacidad de regresar al punto de partida en caso de oscilaciones, debes partir de las virtudes que ya posees. Para adquirir mayor resiliencia, no necesitas las siete cualidades, sino únicamente probar con lo que ya haces, e irle añadiendo después todo lo demás.

Algunas personas tienen unas técnicas propias que realmente les funcionan muy bien. Una clienta me decía que cuando algo no le iba bien lo plasmaba en una película que se proyectaba después en la mente, y se veía en ella. Al contemplarse desde una distancia segura, se preguntaba qué podía aprender de esa particular película. Una vez que lo sabía, rebobinaba y volvía a pasar muy deprisa la película, hasta que ya no se veía derrotada. Es una aplicación excelente de todos los principios de la PNL. Unos años antes, había participado en uno de mis cursos de un día, y me había visto utilizar la Curación Rápida de Fobias mediante la PNL. Modificó la técnica para ajustarla a sus objetivos, y vio que le iba muy bien.

Otro cliente me decía que cuando las cosas se le ponen mal, simplemente se tumba unos cinco minutos. Digamos que se «conecta con la tierra para recargarse», literalmente. No le importa que sea en la cama o en el suelo: «Me ayuda a reagruparme para evaluar la situación. Vuelvo a mí mismo». Lejos de huir corriendo, se dispone a reasumir el control.

He trabajado con muchos empresarios que han vivido muchos reveses de la fortuna. Quienes saben recuperar el impulso y dirigir el péndulo al extremo opuesto son los que se mantienen a flote y al final alcanzan el éxito.

Uno de ellos, Benjamin, se encontró con que cuando su empresa tuvo que suspender pagos, su mujer lo dejó. Una de las razones que le dio fue que sexualmente era aburrido y que ya no podía soportar más seguir haciendo siempre lo mismo. Este doble revés hubiera hundido a muchas personas. La reacción de Benjamin fue otra. Estaba decidido a recuperarse del fracaso de sus negocios. Y así fue: a los cinco años dirigía una nueva empresa y, además, era millonario. Pero lo que se puso de manifiesto en el coaching fue que también empezó a pensar que no había razón alguna que le impidiera aplicar la misma curiosidad que en los negocios le iba tan bien a averiguar de qué forma lo podía ayudar a despertar un mayor interés sexual. Estaba dolido, sí, pero también censuraba a su ex mujer: «¿Por qué no me lo dijo?» Empezó a interesarse por lo que una mujer podría querer de él en lo que al sexo se refería. Cuando su esposa empezó a admitir que había recapacitado, fue Benjamin quien dijo que ya era demasiado tarde. Estaba con otra mujer, ¡y descubriendo lo bueno que puede llegar a ser el sexo para los dos!

Las cosas no siempre van a ser como esperas o confías que sean, por lo que la resiliencia se erige en un elemento esencial para triunfar en la vida y para sentirte seguro.

Así pues, ¿qué *estás haciendo ya* que te forje la resiliencia? Supongamos que es algo que forme parte de tu vida cotidiana, y no algo que hagas *in extremis*. Entonces, como ocurre con la buena alimentación, sencillamente estás sentando las bases del éxito, de modo que podrás hacer mucho más manejable cualquier cosa que te depare el día, porque tienes unas grandes reservas. Quizá quieras hacer algo físico. En mi caso, lo que me funciona son los ejercicios de fuerza que me propone mi entrenador, y si además antes de hacerlos estoy trabajando en algo realmente difícil, siempre hacen que me sienta con mayor resiliencia allí y entonces. Creo que me funciona porque me ayuda a centrar de nuevo la atención y me obliga a que toda mi persona tire de mí para salir airoso de la siguiente serie de flexiones. Además, mientras quemo el exceso de hormonas del estrés, entro en contacto de nuevo con mi energía y, al finalizar los ejercicios, me encuentro con una química hormonal completamente distinta. ¿Y tú? A algunas personas les basta con salir a andar un poco para sentirse después en un estado de forma completamente diferente. Otras se pasan el tiempo con los amigos, para sentirse apoyados y socialmente conectados.

De mi experiencia de trabajo con mis clientes, deduzco que hay tres cualidades particularmente valiosas que asocio con la resiliencia:

1. Las personas resilientes toleran en alto grado la ambigüedad y no se lanzan a tomar decisiones precipitadas.
2. Las personas resilientes saben observar los problemas desde muchas perspectivas y, cuando intentan solucionarlos, tienen en cuenta muchos factores distintos. Esto les da muchísimas más opciones.
3. Las personas resilientes están dispuestas a correr riesgos. Intentan cosas nuevas, conscientes de que el fracaso forma parte de la vida y que hay que aceptar todo lo que ésta nos depare. Esto las hace un poco más maduras.

Todo lo que te ayude a cultivar tu propia resiliencia es una acertada inversión.

Prueba rápida de perseverancia

Los tiempos difíciles no duran mucho, pero sí lo hacen las personas fuertes. Ésta es la esencia de la perseverancia. Es a lo que Winston Churchill se refería con sus famosas palabras: «Nunca, nunca, *nunca* te rindas». Te preguntarás en qué estado te encuentras para seguir adelante. El empecinamiento tiene su función, pero no te llevará muy lejos. Piensa en tres cosas que te vayan a ayudar a forjar tu resiliencia:

1. ....
2. ....
3. ....

La perseverancia exige resistencia. Así pues, ¿qué cosas te fortifican? ¿Te aseguras de disponer de ellas de forma suficiente?

....
....
....

Si no te aseguras de que tienes las suficientes, estás minando tu capacidad de construirte tu propia confianza. Así pues, ¿de dónde sacarás fuerzas para seguir, y seguir, y seguir?

....
....
....

Tener una visión de futuro para mantener la vista en lo que realmente importa hará que problemas pasajeros y locales dejen de abatirte. Así pues, ¿cuál es esa imagen mayor en la que deseas aparecer?

....
....
....

La corpulencia física y la fortaleza emocional te servirán de base en que asentar el éxito duradero. ¿Qué necesitas, pues, para asegurarte de tenerlas en el grado necesario?

....
....
....

Tercera llave de la confianza: la gestión del estado

Todos tenemos aptitud. La diferencia está en cómo la empleamos.

STEVIE WONDER

Pregúntale a cualquier persona por su *estado*, y lo más seguro es que se te quede mirando, para luego decir: «No tengo ni idea de qué me estás diciendo». Para muchísimas personas, su estado —cómo se sienten física y emocionalmente— es como el tiempo: algo de que son destinatarios, algo que simplemente les ocurre. En este sentido, muchas personas viven con la esperanza de gozar de intervalos soleados.

La realidad es que tu estado no es algo que simplemente te ocurra; es algo que tú creas, y esto significa que puedes aprender a gestionarlo y alterarlo. Para ello, en primer lugar debes prestar atención a lo que ocurre en tu interior (en tu estado interior), reconocerlo y luego averiguar qué puedes hacer con ello.

El estado es algo que fluctúa y cambia continuamente en el transcurso de un mismo día. Es muy raro que nos acostemos por la noche sintiéndonos exactamente igual que nos sentíamos al despertarnos por la mañana, así que conviene que nos preguntemos por aquello que haya cambiado nuestro estado durante el día.

Para la mayoría de las personas, la respuesta es: miles de cosas distintas. Nos dan una buena noticia (¡Bieeen!). Luego comemos a toda prisa y la comida nos sienta mal (¡Uuuuy!). Hablamos con alguien a quien no habíamos visto en muchos años (¡Buenooo!). Oímos esa música que tanto nos gusta, nos recuerda un amor de juventud y sentimos nostalgia (¡Aaaay!). Luego el jefe nos echa una bronca (¡Jooo!). Miramos el correo y vemos una carta de Hacienda (¡Uyuyuy!), pero después nos llama un cazatalentos y nos ofrece un trabajo (¡Yupiii!). Y así sucesivamente. Cada una de esas circunstancias representa un cambio de nuestro estado. Digamos que es como una montaña rusa; no es extraño que lleguemos a la noche agotados.

El estado en que te encuentras en un momento determinado te puede ayudar o te puede entorpecer. Piensa en la gripe: fiebre, debilidad y sin ganas de nada. Éste tiene que ser uno de los estados con menos recursos en el que puedas encontrarte. Imagina ahora que, en este estado, debas tomar decisiones cruciales para tu vida: con quién casarte, qué profesión escoger, si emigras o no. ¿Crees que estarías en las mejores condiciones? Lo más seguro es que no.

Si quieres conseguir lo máximo que puedas, necesitas estar en el mejor estado posible. Y esto significa tomarte las cosas de forma completamente distinta. Supón que quieres aprender algo. Una pregunta realmente útil que deberías hacerte es: ¿en qué estado necesito encontrarme para hacer esto con la mayor eficacia? Posiblemente no te convenga estar cansado, agobiado, asustado ni receloso; ¿cómo debes estar, pues?

Esta forma de pensar te va a ser realmente útil, sea lo que sea lo que quieras aprender. ¿Quieres aprender un idioma extranjero, mejorar el rendimiento de tu negocio, tener unas relaciones más gratificantes? Empieza por preguntarte: ¿en qué estado necesito estar para tener la mejor disponibilidad para aprender? Y a continuación: ¿qué tengo que hacer, entonces, para alcanzar ese estado?

Es posible que te sorprendas de las respuestas que se te ocurran. Créetelas. Las personas tienen formas muy distintas de conseguir situarse en el estado adecuado y de refrescarlo periódicamente. En mi caso, cuando escribo, hago pausas frecuentes y salgo a pasear, para que las ideas decidan por sí mismas su importancia y prelación. Luego, cuando prosigo, las palabras me salen en suave flujo.

Lamentablemente, en la educación formal se presta poca atención a definir o propiciar los mejores estados de aprendizaje. A los estudiantes de todas las edades se les suele dar una información que, supuestamente, después podrán entender. Pero muy raras veces se tiene en cuenta el estado en que se encuentran antes de que se les dé esta información, y menos aún se procede activamente a mejorárselo. Imagina lo diferente que sería aprender si profesores y alumnos generaran los adecuados estados para aprender *antes* de iniciar la instrucción. Pues esto es lo que puedes hacer por ti mismo, y el anclaje de la PNL te ayudará.

Sabes que una canción te puede despertar vívidos recuerdos y sentimientos, asociados a un momento determinado. Esto es un ancla. Una determinada forma de tocarte hace que te sientas muy diferente, y siempre que alguien te toca de esa forma, tienes el mismo sentimiento. También esto es un ancla. Siempre que ves cierta imagen o cierto paisaje, te sientes igualmente de la misma forma. Es otra ancla.

El cerebro humano tiene una asombrosa capacidad de relacionar las cosas, de modo que, cada vez que las experimentamos de nuevo, establecemos las mismas asociaciones. Hace algunos años, dirigía un programa en un edificio que tenía una cantina para el personal. Bajábamos a comer en ella y, al entrar por las puertas batientes, me asaltaba los sentidos el olor a col hervida. De repente y en un instante, se me amontonaron los recuerdos. Me vi de nuevo en la escuela, recordé que hacíamos cola para entrar en el comedor, y que en la pared junto a la que esperábamos había pintada una delgada raya de color marrón, y que no podíamos entrar hasta que salieran los niños del taller de carpintería, lo cual significaba que había que esperar a que se abriera su puerta y, cuando lo hacía, el olor de madera recién cepillada se mezclaba con el de col hervida. Y todo por un simple olor: tal es el poder de un ancla.

Este fantástico poder de asociación puede actuar a favor o en contra de nosotros. Es maravilloso si siempre que oímos una determinada música nos sentimos entusiasmados y pletóricos, pero no lo es tanto si nos recuerda aquellos tiempos en que nada nos iba bien y cuando sólo pensábamos en abandonarlo todo. Y luego podemos experimentar esos mismos sentimientos una y otra vez.

Verás que en tu vida ya hay muchas anclas, y que probablemente tú mismo lo seas para los demás. Sin embargo, también te puedes crear anclas que te sean útiles, y esto es lo que te quiero enseñar a continuación.

Las anclas de la confianza

Imagina que pudieras capturar todos los momentos en que te sientes seguro de ti mismo, para luego poder acceder de nuevo a ellos cuando quisieras. ¿Te sería útil? Si es así, querrás crearte tu propia Ancla de la Confianza.

Pero si quieres obtener el mayor beneficio posible de un ancla, no sólo necesitas muchos sentimientos de confianza, sino que has de saber apresar, para luego recuperar, el conocimiento de que cuando las cosas te resultaban difíciles, eran confusas o te suponían todo un reto supiste mantenerte al timón y salvar el desafío. ¿Por qué? Porque saber que lo puedes hacer te dará confianza para hacerlo de nuevo, y evitará que la timidez haga que rehúyas los retos que la vida te plantea.

¿Te acuerdas de tu Rueda de Equilibrio de la Confianza? Necesitarás aprovechar diferentes áreas para establecer la más sólida Ancla de la Confianza. De modo que, cuando empecemos a construir esta ancla, asegúrate de que seleccionas elementos de cuñas diferentes de la Rueda. Antes de hacerlo, echa otro vistazo a tu Rueda, y recuerda algunos de los episodios de tu vida que tengan las puntuaciones más elevadas.

Una vez que hayas creado un Ancla de la Confianza, lo mejor es que la vayas fortaleciendo, y para ello la actives siempre que experimentes sentimientos de confianza. De este modo se reforzará la asociación entre el ancla y el estado de confianza que deseas forjar. Si lo haces así, te procurarás enseguida un fuerte estado de recursos, formado por todas las veces en que te hayas sentido seguro de ti mismo. Quizá quieras añadirle otros elementos. (¿Qué tal si tuvieras anclados ahí también otros estados positivos?)

Hazlo, y enseguida estarás enseñándole a tu cerebro a fijarse en todos los momentos y circunstancias en que te sientes con confianza. Y esto será, por sí mismo, algo increíblemente útil: sentirás una agradable sorpresa al descubrir que son muchos esos momentos. Luego puedes poner en acción esta ancla siempre que te haga falta, sabiendo que con el uso irá haciéndose más y más fuerte.

EJERCICIO: **Crea tu propia Ancla de la Confianza**

Vamos a formar un ancla física. Para ello necesitamos un estímulo singular que tu cerebro pueda asociar con la confianza. También necesitamos que sea un estímulo discreto, para que lo puedas utilizar prácticamente en cualquier parte. A lo largo de los últimos treinta años, los profesionales y practicantes de la PNL han probado con muchos desencadenantes. Presionar el dedo del corazón contra el pulgar se ha convertido en el más popular, porque es fácil y efectivo. (Puedes hacerlo con la mano que más cómodo te sea.)

Nota: presiona el dedo corazón contra el pulgar sólo cuando estés reviviendo las experiencias que te detallo a continuación. Una vez que hayas revivido la experiencia, separa los dedos después de cada paso.

1. Piensa en alguna ocasión en que te viste ante un reto, lo afrontaste y, porque lo hiciste, obtuviste un buen resultado. Entra en esta experiencia como si la estuvieras teniendo en este preciso instante. Ahora echa el ancla, es decir, presiona el dedo corazón contra el pulgar. Mantenlos apretados mientras esta experiencia esté en su punto más vívido y sepáralos cuando aún se encuentre en él; es decir, antes de que empiece a desdibujarse.
2. Ahora vamos a utilizar la Rueda de Equilibrio de la Confianza del capítulo tres. Escoge un segmento. Piensa en una ocasión en que te sintieras especialmente seguro de ti mismo. Revive *esta* experiencia como si la estuvieses teniendo ahora mismo. Echa el ancla: presiona el dedo corazón contra el pulgar. Mantenlos apretados mientras la experiencia tenga vida y suéltalos cuando aún la tenga.
3. Escoge otro segmento. Piensa en alguna ocasión en que sintieras una confianza particularmente fuerte. Revive *esta* experiencia como si la tuvieras en este mismo instante. Echa el ancla, presionando el dedo corazón contra el pulgar. Mantenlos apretados mientras la experiencia se muestre vigorosa, y suéltalos cuando aún lo sea.
4. Ahora, coloca ante los ojos de la mente una pantalla y proyecta en ella una película de ti mismo en una situación en que desees tener más confianza. Activa el ancla, es decir, presiona los dedos corazón y pulgar, y observa cómo te comportas de forma diferente.
5. Ahora, con los ojos todavía cerrados, entra en esta película con este nuevo estado y experimenta qué se siente desde dentro. Vive la experiencia de primera mano, mirando hacia fuera, por así decirlo, a través de los ojos cerrados.

La gestión del estado abarca tanto tu estado físico como tu estado emocional. Y si te detienes a pensarlo, concluirás que ambos están unidos de forma inextricable. Si te has pasado el día enfrente del ordenador, intentando cumplir con unos plazos que se te vienen encima, lo más probable es que llegues a la noche con un nivel de energía muy bajo. Estarás cansado de permanecer concentrado en la pantalla del ordenador, tal vez sientas la espalda rígida, quizá te hayas perdido un día soleado y radiante y un breve paseo a mediodía para poder acabar el trabajo, y todo ello —tu estado emocional y físico— influirá directamente en cómo vivas la experiencia de estar vivo mientras regreses cansado a casa, y sueñes con meterte en la cama para, a la mañana siguiente, repetir el mismo proceso.

Lo bueno de todo ello es que, si consigues manejar tu estado, vas a asumir un grado de fuerza y control que muchas personas ni siquiera saben que es posible alcanzar. Tu primer paso será observar tu estado y lo que esté ocurriendo. Aun en el caso de que desearas sentirte de otra forma, tu segundo paso no es intentar cambiar tu estado enseguida, sino, al contrario, prestarle más atención y empezar a averiguar más cosas sobre él. Has de permitirte estar con tu experiencia. Pregúntate: ¿por qué me encuentro en este estado (emocional, físico, o ambos), cuáles fueron sus desencadenantes y qué otra cosa pudiera haber hecho para influir en mi estado, en lugar de verme influido por él?

Lo puedes hacer con casi cualquier estado en que te encuentres. Imagina que te sientes triste y abúlico. Pregúntate: ¿cómo puedo animarme? Quizás estés triste por alguna pérdida. Puede ser la de alguna persona querida, o la del empleo. Tal vez la pérdida de un sueño, que nada tiene de baladí. Cualquier tipo de pérdida es siempre una profunda experiencia. Ahora sabes qué es lo que te ocurre. Y saberlo es a menudo, en sí mismo, un gran alivio para las personas, porque ahora entienden lo que les ocurre.

Por esto, cuando empezamos a pensar en la gestión de nuestro estado, debemos mudarnos a una forma de razonar completamente distinta. Es importante que en esta mudanza nos movamos al paso que más nos convenga —no valen aquí el autoengaño ni el entusiasmo casi religioso—. Seamos realistas. Y luego nos podemos preguntar: ¿qué otros ingredientes o recursos podría añadir para cambiar mi estado? Te puedes imaginar este proceso como si fuera el de preparar un pastel. ¿Qué conviene que añadas a la masa de que ya dispones para conseguir el resultado que deseas: tener mayor confianza? Entonces piensa en un momento en que te hayas encontrado en este estado y sigue exactamente el mismo proceso de cuando creaste tu Ancla de la Confianza: no tienes más que añadir este estado a la masa de la confianza. Revive la experiencia yánclala con los dedos corazón y pulgar.

Supón que simplemente fueras a recordar lo que se siente al encontrarse en el estado que quieres alcanzar: un estado más relajado, de mayor confianza, de más energía o de mayor tranquilidad. Si quieres estar en un estado de más confianza, recuerda lo que se siente en él, basándote para ello en alguna experiencia real en que te sintieras más seguro de ti mismo que ahora. Puede bastar con que imagines que llevas ese mismo sentimiento de seguridad y confianza a la nueva situación a que te enfrentas, una situación que te supone un desafío, y que te obligará a estar en el estado adecuado para embarcarte en ella. Pero puedes hacer mucho más si empleas el proceso de Anclado de la Confianza, porque con él todo será más visceral y auténtico.

También puedes hacer todo esto con los niños. En efecto, los pequeños tienen su propia versión de este proceso, en el que montan posibles escenarios; se trata de lo que aprenden sobre el mundo y lo que les es posible. Ellos lo llaman «jugar a...». Pero en este caso haremos mucho más que imaginar que «jugamos a...»; vamos a imaginar, al mismo tiempo, que «recordamos que...». Imagina que recuerdas lo que ya tienes, lo que ya sabes sobre cómo actuar (son éstos tus recursos), y utiliza estas habilidades en esta nueva situación en que no te sientes con tanta confianza y en la que pueden marcar toda la diferencia.

Ahora supón que te quieres sentir de un determinado modo y que esto significa que deberás cambiar tu estado, pero se trata de uno que nunca has sentido anteriormente: ¿qué hacer? No hay problema. Piensa en alguien que sea un buen modelo de rol, que ejerza muy bien esta forma de ser. ¿Y si realmente no conoces a nadie que encarne esta forma de ser? ¿Cuántos personajes te has encontrado en libros, películas o juegos que representen este estado o esta cualidad? Pruébatelos, como si de una prenda se tratara. En tu imaginación, entra en esta persona real o ese personaje de ficción, y sé ellos durante un momento. Muévete como ellos. Anda como ellos. Habla como ellos. Y, lo más importante, familiarízate con ellos, y cuando te metas en esa experiencia, observa cómo es ese sentimiento, porque es el que vas a incorporar a la experiencia de tu vida real. Una vez más, puedes hacer todo esto con el proceso de anclado.

Lo que aquí tienes se puede imaginar también como una técnica turbo de ensayo mental, porque prepara tu cerebro para el reto que le aguarda. Engendra en ti el estado adecuado, es decir, la confianza en afrontar ese desafío. Los deportistas de élite no dejan de introducir variaciones en este proceso. Cuando ejerzo el coaching con ellos, me doy cuenta de que enseñarles realmente a meterse en el estado adecuado para rendir al máximo les es de muchísima ayuda.

La preparación es un paso fundamental en la construcción y el mantenimiento de la confianza. Sin embargo, ocurre a menudo que las personas sólo se preocupan de prepararse en lo material. Si no te *sientes* preparado, no verás que ostentas el control, te pondrás nervioso con más facilidad y será menos probable que sientas que te dominas o que controlas la situación.

Sentirse preparado es, en sí mismo, un estado. Sentir que no se está preparado significa verse falto de confianza. Si estás preparado, sabes cómo te quieres sentir y dispones de un ancla a la que puedes recurrir para acceder a ese estado cuando quieras. También te has detenido a pensar en lo que pudiera ocurrir: te has tomado el tiempo y la molestia de considerar cómo podrían ir las cosas y cómo quieres que vayan, algo esto último de suma importancia.

En tu forma de sentirte tienes, pues, las herramientas para asegurarte de que estás preparado. De modo que estamos dispuestos a analizar cómo puedes reforzar tu capacidad de preparación mediante algunas estrategias ganadoras.

Cuarta llave de la confianza: desarrollar estrategias ganadoras

No se trata de lo que hagas, sino de cómo lo hagas.

Como dice la canción (que cantaba, entre otros, Ella Fitzgerald), «no se trata de lo que hagas, sino de cómo lo hagas». Una estrategia es una secuencia de pasos que te permiten alcanzar una meta. Pueden ser pasos mentales o físicos, o una combinación de ambos. Es muy frecuente que estas secuencias se sucedan con asombrosa rapidez y sin que la persona sea en modo alguno consciente de ellas. Te pondré un ejemplo.

He trabajado muchas veces con adultos y niños que carecen de confianza en que puedan escribir sin cometer faltas de ortografía.* Cuando les pido que deletreen una palabra que encuentran difícil, no dejan de

* En igualdad de condiciones, la ortografía les es más difícil a los anglohablantes que a los hispanohablantes, debido, entre otras cosas pero probablemente sobre todo, a que la correspondencia entre los fonemas (sonidos) y las letras que las representan es mucho menos sistemática en inglés que en español. De ahí los concursos de ortografía tan comunes en el mundo anglosajón. *(N. del T.)*

recorrer con la vista toda la habitación en busca de ayuda. Muchas veces, cuando prueban a deletrearla, se cruzan la boca con un dedo o dos, a continuación bajan la vista y se sienten ridículos porque no están seguros. En cambio, si a una persona que escribe correctamente le pido que deletree la misma palabra, sus ojos muestran siempre un patrón muy distinto. Levanta la vista y la gira hacia la izquierda, y luego deletrea la palabra tal como la ve con los ojos de la mente. Cuando le pregunto si está segura, responde que sí, que lo está completamente, porque, como decía una de ellas: «Veo la palabra y sé que la digo bien».

Tenemos aquí dos estrategias radicalmente distintas: una funciona y la otra no. Siempre que alguien dice que no sabe hacer algo, lo que está diciendo es que no posee una estrategia eficaz. Y así ocurre prácticamente con todo, desde el *No sé cómo se hace este trabajo* al *No sé cómo tener una relación duradera.*

En los últimos treinta años, más o menos, los pioneros de la PNL han dedicado mucho tiempo a conseguir estrategias que realmente funcionen en todo tipo de actividades humanas. Muchas de ellas se han codificado como técnicas que se pueden aprender; y sí, la PNL cuenta con una Estrategia de Deletreo (u ortográfica), que he enseñado con éxito a miles de personas.

Cuanto más compleja es la tarea, probablemente serán más las estrategias que intervengan. Vivir con confianza es más complejo que sentirse seguro de cómo se escriben correctamente las palabras, de ahí la cantidad de elementos que actúan en lo primero. En cierto sentido, todo este libro está pensado para darte una estrategia de la confianza, algo parecido a una receta en la que se detalla la forma de preparar bien un determinado plato. Hay que reunir los ingredientes y luego seguir los pasos que se indiquen.

Unas estrategias funcionan mejor que otras, evidentemente. A algunas personas, por ejemplo, les puede resultar difícil tomar una decisión, y la causa puede ser que carezcan de una buena estrategia para la toma de decisiones. Quizás, ante varias opciones, mentalmente se debaten entre lo que hay *por un lado* y lo que hay *por el otro*, una actitud que puede acabar por minar su confianza. Es posible que lleguen a pensar, no simplemente que no saben tomar una decisión, sino que son «demasiado tontas» para saber tomar la correcta. Y *no* son demasiado tontas. Su problema es sencillamente que no cuentan con una buena estrategia para la toma de decisiones.

Con una detallada secuencia de los pasos que hay que seguir, las estrategias proporcionan los *how to* de que muchas personas suelen carecer. Uno de mis clientes de coaching era un ejecutivo de extraordinario éxito que tenía problemas crónicos con las tarjetas de crédito. Cuando a final de mes le llegaban los recibos, se llevaba una desagradable sorpresa. Se deprimía, no sólo por las cuentas, sino por sí mismo, porque perdía confianza en su capacidad de controlar sus finanzas, y su vida. Me mostró los recibos, y empecé a preguntarle qué hacía para realizar toda aquella cantidad de compras. Después de estar hablando un rato, observó que en sus compras empleaba una estrategia muy sencilla, que era: «Cuando veo algo que me gusta, si creo que hará que me sienta bien, lo compro». Sí, es una estrategia, pero una estrategia que, casi con toda seguridad, hará que a uno se le amontonen las deudas. Necesitábamos introducir algunos pasos extras. Uno implicaba que mi cliente tuviera una charla consigo mismo sobre cómo se iba a sentir después de comprar todo lo que comprara y, a fin de mes, le llegara el recibo de las tarjetas. Otro era que se acordara de anteriores decisiones de compras impulsivas y analizara si realmente habían hecho que se sintiera bien durante mucho tiempo. (Era evidente que no.)

Una vez que nos pusimos a aplicar esta nueva estrategia, se alegró muchísimo al ver que los recibos de sus tarjetas, en sus propias palabras, «habían bajado milagrosamente». Pero hubo otro beneficio, en última instancia más importante aún. Mientras avanzábamos con las sesiones de coaching, se dio cuenta de que su patrón de compras en realidad era una estrategia de toma de decisiones que en otros ámbitos de su vida funcionaba automáticamente. Era soltero y buscaba una mujer. Así que cuando veía una muchacha bonita…, pues sí, aplicaba la misma estrategia o, para ser exactos, la estrategia se activaba y él se encontraba con que se citaba con toda clase de mujeres, porque no había tenido esas charlas consigo mismo sobre aquello en que se estaba metiendo y qué le parecía a la luz de anteriores compras compulsivas.

Hace algunos años, trabajé en un proyecto pensado para que los vendedores tuvieran más confianza en su cometido de vender limusinas de lujo. Me daba cuenta de que algunos miembros del equipo de ventas simplemente no sabían cómo gestionar el trabajo y de que con lo que algunos de ellos batallaban en secreto era con el hecho de que los clientes que con mayor probabilidad comprarían ese tipo de coches hacían que ellos se sintieran inseguros. Sencillamente, no estaban acostumbrados a codearse con ese tipo de gente, algo que les minaba la autoconfianza en el nivel de la Identidad. Y no es esto precisamente lo que uno necesita si quiere dar una imagen de persona en quien se pueda confiar.

Para obtener los mejores resultados, necesitaba saber qué hacían los vendedores de éxito que fuera diferente y que funcionara tan bien. Así que elaboré un programa de Modelado de la Confianza. Cuando pude proporcionarles una estrategia de ventas, basada en la observación de qué hacían para cerrar acuerdos los vendedores más destacados y seguros de sí mismos, su confianza se disparó y empezaron a alcanzar sus objetivos de ventas.

La estrategia que empleaban los vendedores de éxito tenía una secuencia muy particular, que seguían una y otra vez. Había evolucionado de forma natural a través del sistema empírico de prueba y error. Pero al aislarla fue posible codificarla para, a continuación, enseñarla como una serie de pasos que todo el mundo podía aprender.

- Da la vuelta al coche acompañado del posible cliente. Limítate a enseñárselo y deja que aprecie su impacto visual y su belleza.
- Invita al cliente a que se siente en el interior del coche de lujo y a que se ajuste el asiento para que pueda experimentar lo cómodo que es. Muéstrale todas las posibles posiciones y ajustes para que pueda imaginar lo suave y cómoda que debe de ser la conducción y cuán a gusto deberán de estar los demás pasajeros.
- Lleva al cliente con el coche un rato, y luego, de vuelta, deja que conduzca él, y tú permanece callado. Habla únicamente para señalar el casi nulo ruido del motor y la tranquilidad que inspira estar en el interior de un vehículo de lujo como éste. Deja que el cliente experimente por sí mismo este silencio y esta tranquilidad.

Esta estrategia demostró ser extraordinariamente eficaz, en parte porque iba dirigida a *lo que ve, lo que siente* y *lo que oye* el conductor. De modo que era una experiencia casi total.

Las mejores estrategias siempre implican tres o más sentidos: lo que se oye, lo que se ve, lo que se siente y quizá también el sabor y el olor. (Algunos vendedores señalaban también el hermoso tapizado en piel del interior y el olor a nuevo del coche.) En el Generador de Nuevas Conductas, será lo que uno se dice a sí mismo (lo auditivo), lo que ve (lo visual) y lo que siente (lo cinestésico).

EJERCICIO: **El Generador de Nuevas Conductas**

La experiencia que tengo del Coaching en Confianza es que el Generador de Nuevas Conductas es una estrategia particularmente útil. Con ella se pueden crear nuevas conductas y probar mentalmente nuevas formas de ser antes de llevarlas a la práctica en el mundo real. La siguiente prueba, una especie de prueba de conducción, te permite ensayar mentalmente tu nueva forma de ser, de mayor confianza, y prepararte para un tipo de futuro distinto. Además, con ella puedes hacer todos los ajustes que necesites.

1. Baja la vista hacia la izquierda y pregúntate: «Si pudiese tener más confianza, ¿qué me parecería lo que estoy viendo?»
2. Después de hacerte esta pregunta, levanta la vista hacia la derecha y fíjate en lo que veas. Puede ser una película en que aparezcas tú comportándote de una determinada forma; puede que en esta pantalla que tienes ante los ojos de la mente no veas más que unos colores difuminados. Obsérvalo, sea lo que sea.
3. Baja la vista hacia la derecha y deja que sientas lo que te inspire lo que había en la pantalla.
4. Repite esta secuencia al menos tres veces. En cada una de ellas, recoge el sentimiento del paso tres y empléalo en reformular la afirmación que hiciste en el paso uno. Imagina, por ejemplo, que en el paso dos te ves a ti mismo actuando con más confianza, y después, cuando sabes lo que se siente con ello en el paso tres, di: «Sí, pero no estoy seguro de que sea realista». Ahora, cuando inicies la nueva repetición, la formulación pasará a ser: «Si pudiera tener más seguridad en mí mismo y fuera realista, ¿qué tal serían las cosas en *este* supuesto?

Sigue repitiendo el proceso, y la estrategia irá cobrando mayor eficacia. Es decir, empezarás a aplicarla con mayor rapidez y facilidad. Las estrategias son una demostración clásica de que la práctica perfecciona. Cuanto más haces una cosa, mejor consigues hacerla.

A esta estrategia básica se le pueden hacer muchas mejoras, pero basta con que la emplees cinco minutos todos los días en situaciones distintas para que sea como una tanda de ejercicios para tu cerebro y tu imaginación. Para ejercitar cualquier tipo de músculo, debemos ser constantes e ir poco a poco, y esto se aplica también a tus músculos mentales.

5

La confianza en las relaciones

La confianza afecta a todas y cada una de las relaciones que tengas. Y no sólo a ti, sino también a los demás que intervienen en la relación. Suele olvidarse con mucha frecuencia que la confianza de las otras personas desempeña un papel fundamental en la relación que tenemos con ellas. En efecto, a veces lo que marca toda la diferencia es ayudar a la otra persona a tener más confianza, sea un jefe inseguro o un amante inseguro. Sin embargo, aquí vamos a subrayar lo que tú puedes hacer para aumentar *tu* confianza.

Me voy a centrar en la confianza en tres importantes tipos de relaciones: tus relaciones personales, sociales y sexuales. La mayoría de las personas se desenvuelven de distinta forma en cada una de ellas. Como siempre, será muy útil determinar en qué ámbito ya posees un cierto grado de confianza y en cuál tal vez quisieras tener más.

Se han escrito libros dedicados enteramente a cómo mejorar las relaciones. Y es que hay multitud de tipos de relaciones, de las románticas a las familiares, y de las íntimas a las de mera amistad. Aquí no nos vamos a ocupar de todo lo que tenga que ver con las relaciones, sino de cómo se puede mejorar la confianza en determinados tipos de ellas.

Saber que uno puede establecer sintonía con una amplia diversidad de personas es fundamental para sentirse seguro en las relaciones. Al fin y al cabo, esa sintonía deriva del sentimiento de que se nos ve y se nos reconoce. Quizá pienses que la sintonía es algo natural y espontáneo. Así es, pero también puedes hacer determinadas cosas para mejorarla y aumentar la eficacia al comunicarte.

Lo que la persona dice realmente no es más que una parte del todo. Para establecer sintonía con una persona y mantenerla, lo esencial es conocerla en *su* modelo del mundo, para que sienta que entendemos de dónde procede *ella*. Cuanto mejor sepas hacerlo, más conseguirás que esa persona se sienta cómoda contigo, y más abierta se mostrará a lo que tengas que decir.

Cuanto mejor sea la sintonía que tengas con otra persona, más serán las probabilidades de que el mensaje que le mandes sea el que ella reciba. Y cuanto más a menudo ocurra esto, más probable será que te lleves bien con la gente y más seguro te sentirás de que es tu forma natural de actuar.

Para desarrollar este tipo de confianza, probablemente necesitarás saber a qué debes prestar atención. Observar cómo habla, respira, gesticula y se mueve la otra persona. Fijarte en su energía, en su pose característica, en el tono de voz y en los patrones que usa al expresarse. Cada una de estas ocho variables tiene su propio ritmo. Cuanto mejor sepas ajustarte a esos ritmos, más fácil será la comunicación. Concéntrate en una variable cada día, y te asombrarás de lo mucho que hay que ver, oír y sentir.

Cuando empieces a observar que las personas van a velocidades distintas (al andar, al hablar, al pensar o al vivir), te darás cuenta de lo útil que es saber del ritmo del paso, del acompañamiento (igualar el comportamiento, postura y predicados de otra persona, para poder sintonizar con ella). Tú tienes tu acompañamiento natural; las otras personas tienen el suyo. Sin embargo, cuando andáis juntos, ambos adoptáis el mismo ritmo. Y lo hacéis sin ninguna negociación manifiesta; sencillamente es algo que ocurre. Quieres que suceda lo mismo cuando te estás relacionando con alguien. La sincronización que resulta de la atención a las variables de la lista anterior te ayudará a lograrlo enseguida.

Seguirás siendo tú mismo, pero con la esperanza de que tengas la suficiente flexibilidad para ajustar tu conducta. Realmente deseas encontrarte con la otra persona allá donde esté, pero sin dejar de ser tú mismo. De este modo puedes disfrutar de vuestras diferencias y, al mismo tiempo, seguir sincronizado.

La confianza en las relaciones personales

De todas las personas que conoces, ¿con cuál tienes una relación más personal? Cuando a mis clientes les hago esta pregunta, recibo todo tipo de respuestas. ¿Sabes cuál es la menos común? «Yo mismo.»

La realidad es que te conoces hace más tiempo que a cualquier otra persona. Podrás acordarte o no de todo, pero sabes más de tu historia personal que de la de cualquiera. Y te guste o no eres tú mismo con quien más tiempo pasas.

Para empezar a construir la confianza en relacionarte personalmente con los demás, debes comenzar por la relación más importante que jamás tendrás: la relación *contigo.*

Las personas suponen que la palabra «relación» se refiere únicamente a las relaciones con los demás, pero la relación más importante que tienes probablemente es también la que más desatiendes. Cuanto más rica consigas que sea la relación contigo mismo, más ricas serán las que podrás tener con los demás. Cuanto mejor te conozcas, más podrás compartir con los otros.

Puedes empezar por prestar atención a la relación que tienes contigo, y para ello haz el ejercicio que sigue.

EJERCICIO: **La relación contigo mismo**

Responde sinceramente a estas preguntas:

¿Qué relación tienes contigo mismo?
- a) Buena.
- b) Mala.
- c) Indiferente.
- d) Nunca me lo he preguntado.

¿Te llevas bien contigo mismo?
- a) Siempre.
- b) A veces.
- c) Nunca.
- d) Nunca me lo he preguntado.

¿Te gustas?
- a) Siempre.
- b) A veces.
- c) Nunca.
- d) Nunca me lo he preguntado.

Todo lo que le puedas preguntar a cualquier otra persona, en especial a alguien de quien te gustaría ser amigo, te lo puedes preguntar sobre ti mismo. Lo más habitual es que las personas dirijan su atención hacia fuera. Cambia ahora el centro de tu atención y ponlo unos momentos en tu interior.

¿Cómo te relacionas contigo mismo? ¿Atiendes tus necesidades? ¿Procuras, por ejemplo, observar regularmente las distintas partes de tu persona? ¿Respetas tus reacciones espontáneas ante las cosas o reprimes los instintos para después lamentarlo? Como te trates va a afectar a como trates a los demás, y a tu capacidad de relacionarte con ellos.

Por ejemplo, ¿eres muy crítico contigo? Si es así, ¿cómo influye esto en cómo te sientas? Si hablaras a alguien como te hablas a ti mismo, ¿querría ser tu amigo?

Éste es a menudo un buen punto de arranque para personas con las que trabajo. Basta con que ajusten el tono, el volumen, el timbre y la ubicación de su diálogo interior, para que empiece a mejorar la relación que tienen consigo mismas. Y no ocurre sólo que este diálogo interior suena de otra forma, sino que es muy habitual que estos cambios de submodalidad hagan que cambien también los contenidos del diálogo interior de la persona. Como puedes imaginar, después todo ello afecta a cómo te sientes contigo mismo: te sientes con mayor confianza. Esto hace que seas más extrovertido, porque tienes menos miedo de que se te juzgue. Al mismo tiempo, no te eriges tan a menudo en juez de los demás, por lo que puedes disfrutar de la compañía de una mayor variedad de personas distintas, y apreciarlas.

Así pues, ¿qué hay en todo esto? Sigues teniendo unos valores y unos principios claros, pero cuando empiezas a relacionarte de forma más positiva contigo mismo, dejas de maltratarte; dejas de castigarte como lo haría el severo padre con el hijo descarriado. Esto significa también que no tienes por qué buscar fallos en los demás. Si no te culpas a ti, tampoco tendrás necesidad de culpar a los demás para contrarrestar los malos sentimientos que previamente creaste dentro de ti mismo.

Al ajustar el diálogo interior, puedes disfrutar de importantes cambios externos. Más confianza significa menos recelo, porque los retos no te afectarán respecto a tu Identidad. En cambio, cuanto menos seguro está uno de sí mismo, más se le antoja que todo es un ataque a lo que es como persona, y más receloso se hace, una desconfianza que se puede manifestar en forma de agresividad.

De este modo, estableces sintonía contigo mismo. Entre los muchos beneficios de esta nueva actitud contigo mismo, verás que empiezas a prestar atención de forma más efectiva a lo que te ocurre y comenzarás a confiar en tu propio juicio y conocimiento. A su vez, todo esto hará que adquieras mayor seguridad en ti mismo. Tendrás más confianza en que sabes qué debes hacer y así dejarás de depender de lo que piensen los demás.

Será un proceso natural de prueba y error. Con el tiempo, observarás que estás en el mejor camino las más de las veces, y empezarás a ver que puedes confiar en ti. Si te orientas hacia el camino equivocado, tu propia intuición te lo advertirá, y todo lo que tendrás que hacer es atenderla.

En pocas palabras, invertir tiempo y energía en tener una buena relación contigo mismo es una decisión muy sensata. ¿Qué sensación debe de producir, pues, quedar con uno mismo por la noche, como quien queda con un amigo para cenar?

Imagina que te comportas exactamente de la misma manera que lo harías con los amigos. Pensarías en qué comida y bebida les gusta. Procurarías que se sintieran a gusto en tu casa. Te interesarías por ellos y por sus diversas iniciativas y actividades y les ofrecerías tu apoyo. Acudirías en su ayuda para que superaran cualquier desengaño. Te alegrarías de sus logros y te sentirías feliz de hablar de sus proyectos y sus sueños.

Ya sabes cómo hacer todas estas cosas, pero ¿cuándo fue la última vez que te las hiciste a ti mismo? Así que ¿qué haces esta noche?

La confianza social

Gill estaba acostumbrada a quedarse en casa más de lo que le apetecía. Se había acostumbrado a estar sola. Cuando pensaba en acudir a algún acto social, solía imaginar con qué se encontraría al llegar. Con el ojo de la mente veía que las personas ya habían formado grupos, se reían y mantenían animadas conversaciones. Imaginaba que se les acercaba y se encontraba con que no le hacían caso. Esto provocaba que se sintiera ridícula y fuera de lugar. Por miedo de que así ocurriera, miraba qué ponían en la televisión y se quedaba en casa. Imagínate lo que debe ser pasarte la misma película durante años. Ésta es la razón por la que Gill se puso en contacto conmigo. Como vivía en el extranjero, hablábamos por teléfono.

Cuando le pregunté por sus películas mentales, me dijo que eran en color, largas y con una buena definición. En fin, interesantes. No había duda de que cambiar aquellas submodalidades marcaría una buena diferencia. Pero lo que me impresionaba también era que fuera la propia Gill quien se imponía aquella soledad, y quería que ella lo reconociera. Ésta es una pequeña muestra de la conversación que mantuvimos:

Ian: ¿De modo que tienes miedo de que la gente te ignore?
Gill: Sí, y de que me rechace.
Ian: Pero ¿quién te rechaza, Gill? Cuando decides no acudir a esos actos, eres tú quien rechaza a las personas, antes incluso de que te conozcan.

Gill nunca había pensado que ella fuera una persona que rechazara a los demás. Nada de esto aparecía en la película que estaba viviendo. La idea hizo que se parara en seco. Y, por esto, lo primero que hizo a continuación fue colgar el teléfono.

Volvió a llamarme más tarde, ese mismo día, para decirme la impresión que le había producido contemplarse desde esa otra perspectiva. A partir de entonces, se fue dando cuenta de que ese mismo patrón de rechazo preventivo se manifestaba en otras áreas de su vida. Había empleos —y hombres— a los que había renunciado de antemano por si no los podía conseguir.

Anteriormente, para explicarse las cosas a sí misma, se decía que era introvertida, y esto provocaba que se sintiera incómoda cuando estaba en compañía de otras personas. Es una falsa percepción muy común. Era tímida, sí, pero no es lo mismo. Se puede ser introvertido sin dejar de tener una sana vida social. La introversión no significa que uno no se pueda sentir seguro de sí mismo en el ámbito social. Las personas introvertidas tienen una rica vida interior, y lo que hacen es retirarse de vez en cuando para recargarla; en cambio, las extrovertidas dirigen la atención hacia fuera en busca de estímulos, y ésta es su forma de recargarse. Ambas formas de ser son perfectamente compatibles con la confianza social.

Ahora podíamos hacer esos cambios de submodalidad en su película, y obtener de ello un gran rendimiento. Al hacerlo, cambió también la banda sonora. Antes, parte de ella era el barullo de la escena social que Gill imaginaba, y parte, su propio diálogo interior con el que se había aplicado en el coaching para estar preparada a sentirse mal. Ahora todo eso se había terminado y se sentía encantada.

Cuando empezó a contarme su asistencia a diferentes actos sociales, parecía que se abriera una puerta. Se había sentido muy tímida. Se había concentrado en ella misma, y no en las personas que la acompañaban en el acto. Evidentemente, esto significaba que en realidad no estaba en condiciones de trabar conversación con los demás.

¿Te acuerdas de tu adolescencia, cuando a veces te sentías muy, pero que muy tímido? En el peor de los casos, la timidez puede provocar que la persona se paralice y enmudezca. Para este tipo de situaciones —la de hablar en público, por ejemplo—, mi consejo es siempre el mismo. Empieza por prestar atención a lo que esté pasando. Mira a las personas, observa las características de cada una de ellas; deja que la atención se centre en lo que estén diciendo, sabedor de que no necesitas tener preparado algo que decir. No tienes más que estar presente para que sepas reaccionar oportunamente a lo que esté ocurriendo. Es mucho más fácil que intentar anticiparse a lo que se pueda decir y programarte la forma de reaccionar a continuación.

EJERCICIO: **El Constructor de Confianza Social**

Primera parte

1. Busca la compañía de personas socialmente expertas y aprende de ellas. Ponte a su lado cuando estén con otras personas, escucha lo que dicen y observa lo que hacen. Diles qué quieres conseguir. ¿No conoces a nadie que sea así? No tienen que ser superestrellas, simplemente alguien que tenga algo de lo que tú necesitas.
2. Fórmate tu equipo de ensueño con personajes del cine y la televisión. Procúrate videoclips de personas que consideres buenos modelos de rol, en los que aparezcan iniciando conversaciones o contactos, o mientras interactúan con otras personas. Móntate tu propia película mental en la que hagas lo mismo que esos personajes. Métete en la película y siente lo que en ella se ve. Ajústala a tus necesidades.
3. Fíjate el objetivo de hablar a tres personas que no conocieras antes, en algún sitio en que te sientas seguro. No tiene más finalidad que la de

que inicies deliberadamente el contacto. Puede ser éste un breve intercambio o una conversación extensa. No importa; el objetivo es iniciar el contacto.

4. No lo hagas sólo una vez, sino repítelo de forma regular. Acostúmbrate a aproximarte a los demás sin más expectativas. Hazlo todos los días durante una semana —o el resto de tu vida—. ¿Te parece mucho? Bueno, piensa que sólo irás formando este nuevo músculo de la confianza cuando te salgas de tu zona de comodidad.

Segunda parte

5. Determina qué es lo que te hace sentir vivo y despierto. Puede ser cualquier cosa. Concéntrate en cómo convertir en rutina esta nueva conexión social. Por ejemplo:
   Actividades: decide tres actividades diferentes que te diviertan o puedan divertirte. Hazlas en compañía e inicia el contacto con otros participantes. Serán actividades vigorizantes.
   Ropa: vístete de diferente color cada día. Observa con qué colores te sientes con el mejor ánimo y cuáles te van mejor en determinadas ocasiones. Empieza a ponerte el tipo de ropa que te haga sentir vivo tal como quieres y con la que te sientas cómodo estés donde estés.
6. Practica cómo terminar con gracia cualquier interacción. Sé consciente de que eres libre para quedarte o irte. Una vez más, observa tus modelos de rol, reales o del celuloide, y fíjate en cómo lo hacen. Ten una estrategia de salida. Es posible incluso que quieras tener preparada una excusa que puedas usar si viene al caso.

La competencia social genera confianza social

Cuando te acercas a personas que no conoces o inicias una conversación con ellas, ¿te pones nervioso o, en general, te sientes incómodo en las situaciones sociales? Si es así, te será útil saber cómo debes comportarte, y esto significa que has de aprender determinadas conductas que combinadas forman un conjunto de destrezas sociales.

Para desarrollar estas destrezas, necesitarás hacer dos cosas: dedicar tiempo a aprenderlas, y luego no dejar de practicarlas. ¡Después, todo lo que has de hacer es seguir aplicándolas el resto de tu vida! Sí, en efecto, el resto de tu vida. ¿Por qué? Sabes por propia experiencia que, aunque algo se te dé bien, cuanto más lo haces, más hábil te vuelves. Muchas veces las personas piensan que, una vez que se sienten seguras de sí mismas en el ámbito social, ya está todo hecho. En realidad, esta destreza requiere una práctica continua mediante la repetida exposición a situaciones sociales, porque lo que no se usa se pierde. Hasta las personas socialmente más seguras han de seguir practicando.

Esto es lo que deberás hacer:

1. **Crea oportunidades sociales.** Esto significa, en primer lugar, que dejes de evitar las situaciones sociales y de declinar las invitaciones sociales A continuación, empieza a proponerte salir con personas a las que quieras conocer mejor y empieza a invitarlas a tu casa.
2. **Presta atención a la comunicación no verbal.** Las personas señalan continuamente y de forma inconsciente si quieren más o menos. Fíjate en sus expresiones físicas, sean faciales o de todo el cuerpo. Para saber hacerlo cada vez mejor, sigue un curso de PNL sobre Construcción de la Sintonía.
3. **Practica tu propio lenguaje corporal.** Si te encorvas, tartamudeas y evitas el contacto visual, probablemente darás una imagen de persona ansiosa, y harás que los demás se pongan nerviosos también. En cambio, si sonríes, asientes con la cabeza, muestras interés y te inclinas hacia la persona con quien estés hablando, incluso manteniendo el contacto visual, darás una imagen de persona abierta. (Fijar la vista alrededor de los ojos del otro, así como mirarle directamente a ellos es más que suficiente. No se trata de que tu mirada se quede pegada a la suya ni de que no le quites la vista de encima.)
4. **Interésate más por la otra persona que por la impresión que puedas dar.** Prestarle atención es uno de los mejores cumplidos que se le puede hacer a una persona. Para demostrar que lo haces, sírvete de pequeños estimulantes de la conversación: asiente con la cabeza, sonríe, emplea expresiones del tipo «¿Sí?», «¿De verdad?», «¡No me digas!», etc.

5. **Desarrolla tu inteligencia emocional.** Para saber qué les ocurre a los demás, debes saber leerles las emociones. Entender las emociones de los demás es mucho más fácil cuando uno comprende las propias. Aquí es donde muchas personas, en especial los hombres, tienen uno de sus puntos débiles. Y una vez más, ésta es la razón de que sea tan importante que desarrolles esa relación contigo mismo. Lo puedes hacer solo o con un trabajo de coaching adicional.
6. **Escucha activamente.** Pregunta a las personas cosas sobre ellas, como sus opiniones, qué les gusta hacer y sucesos importantes de su vida. Busca lo que les despierte interés. De esta forma, lo más probable es que, si te encuentras de nuevo con ellas, puedas referirte a lo que te estuvieron diciendo. (*«¡Cuánto me alegro de que te acuerdes!»*) Con esto te haces también con la continuidad social.
7. **No te tomes como un insulto que no te respondan.** Ocurre sencillamente que algunas personas no se muestran atentas aunque tú lo seas. Quizás estén preocupadas, demasiado ocupadas en sus cosas, no se encuentren bien o simplemente sean tímidas. Sigue en tu empeño y ponte a hablar con otra persona *enseguida.*

La confianza sexual

La confianza sexual no es algo que ataña exclusivamente a los adultos jóvenes ni a quienes buscan enamorarse y enamorar. Su carencia se puede manifestar de muchas formas y a todas las edades. Bastarán dos ejemplos: muchas mujeres mayores me cuentan que empiezan a sentirse invisibles, como si nuestra sociedad dejara de ver en ellas algún atractivo sexual. No es extraño que tal percepción desbarate su confianza. Y muchas mujeres y muchos hombres, incluso gente que mantiene una relación de muchos años, me dicen que tienen miedo de contarle a su pareja lo que realmente quieren de ella.

Y no tiene por qué ser así. Después de trabajar con miles de personas, quisiera compartir contigo lo que realmente ha marcado una diferencia en su confianza sexual, cualquiera que fuera su edad. Voy a centrarme en tres áreas, cada una con sus retos: cómo sentirte más seguro de ti mismo en el ámbito sexual, cómo sentirte sexualmente más seguro de ti mismo al iniciar una posible relación nueva y cómo sentirte sexualmente seguro en una relación ya existente.

Seguro de ti mismo

En algún momento de la vida te habrás encontrado con alguna persona sexualmente atractiva, pero que no encaja en los estereotipos usuales de lo que se considera sexy. Es ese hombre o esa mujer que entra en una habitación y parece que atrae la atención de todos sin siquiera proponérselo. Son, invariablemente, personas que se sienten cómodas y seguras de sí mismas. Y esto les da una cierta confianza, y *ésta* las hace sexualmente atractivas.

Una vez más, la seguridad que tengas en ti mismo y cómo te trates y sientas pueden marcar una gran diferencia en la imagen que des a los demás. Por esto, todo lo que hemos estado diciendo hasta el momento puede contribuir a esta aura de autoconfianza que tanto atractivo sexual puede conferir.

En última instancia, tu atractivo sexual no depende de que tengas la altura, peso, talla, figura y edad adecuados. Son circunstancias que ciertamente pueden afectar a *cómo* te sientas contigo mismo y que quizás haya que tratar, sobre todo si derivan en un diálogo interior desdeñoso o en películas mentales en que el mundo te despelleje. Emplea las herramientas con las que ya hemos estado trabajando para ocuparte de ellas. (En la página 76 te hablaba del diálogo interior y en la 77 de cómo cambiar tus películas mentales.) Ocúpate también, siguiendo el Modelo ABC (página 86), de poner en entredicho lo que en uno y otras se da por supuesto. Pero para el resto del mundo, hacerse con tu versión de Photoshop no es tan importante como puedas pensar. Si fuera de tan capital importancia, esas personas que no responden a los estereotipos no harían que la gente se girara al verlas pasar.

Librarse de lo negativo es importante. Pero hay además algunas cosas que puedes hacer y que van a mejorar tu confianza sexual. Imagina que nunca hubieras aprendido a conducir de verdad, que te dieran un coche y esperaran que te sentaras al volante: ¿qué confianza tendrías, sobre todo si alguien fuera a acompañarte en el viaje? No es algo muy distinto de lo que ocurre con tu cuerpo o el de otra persona. ¿Sabes conducirlo?

Por esto es tan importante el autoplacer, sobre todo en las mujeres. Cuando la persona sabe qué le funciona, sabe también cómo funciona ella. Desvelar el misterio de qué te hace sentir un intenso placer y alcanzar el orgasmo te dará más confianza. Significa también que puedes enseñar a tu pareja lo que mejor te va. Puedes leer todos los manuales que quieras, pero deberás someter a prueba todo lo que digan para saber qué es lo que a ti te gusta.

Pregunta a hombres y mujeres, homosexuales o heterosexuales, qué les resulta más atractivo de otra persona, y verás que todos hablan de la autoconfianza como uno de los factores clave. La gente muchas veces no se da cuenta de qué significa esto. Y es muy sencillo: la seguridad en uno mismo es un afrodisíaco. Todo lo que inviertas en adquirir mayor confianza, sea tiempo, dinero o atención, puede generar sus beneficios sexuales también, porque te sientes de otra forma contigo mismo y das una imagen distinta. Y, evidentemente, cuando te encuentras tan cómodo con tu sexualidad y con tu cuerpo, nada puede impedir que des una imagen de persona sexualmente segura de sí misma.

Así pues, ¿te sientes *realmente* cómodo con tu sexualidad y con tu cuerpo? Sentirse cómodo con la propia sexualidad abarca desde la orientación sexual hasta lo que más te excita. ¿Sabes relajarte y disfrutar del sexo, o te reprimen determinadas inhibiciones? Si existen éstas, quizá las quieras desvelar y analizar con algún amigo de confianza o con un profesional, y no ignorarlas.

Todo lo que puedas hacer para sentirte más cómodo con tu cuerpo será positivo. Una mujer con la que trabajé observaba que con las clases de yoga adquiría más flexibilidad. No es que quisiera poder hacer todas las posturas del *Kama Sutra;* le ocurría sencillamente que en actos sociales se encontraba tensa y, por ello, incómoda. El yoga hacía que se relajara, e incidía así en su forma de comportarse. Dejó de sentirse tan tensa, con lo que consiguió que sus movimientos —y su conversación— fueran más fluidos. Los hombres reaccionaban ante ella de forma diferente, porque había cambiado las pautas de su movimiento. Uno que la había conocido antes y después de que practicara el yoga decía que parecía menos formal y que intimidaba menos. Observé un cambio similar en un hombre que hacía coaching conmigo y que tenía la mala costumbre de ir casi siempre mirando al suelo. Había adquirido este hábito en un momento de su vida en que se sentía muy deprimido y, aunque ya se había recuperado, olvidó actualizar su conducta. Cuando practicábamos lo que le supondría ir con la cabeza alta y aguantando la mirada de los demás, decía que se sentía como otra persona. Y es verdad que parecía completamente distinto, y su cuerpo emitía otra clase de mensajes. Fue significativo que, al cabo de una semana, empezara a salir con una mujer.

Iniciar una relación sexual nueva

Muchas personas, al iniciar una relación sexual nueva, experimentan un agudo miedo escénico. A algunas, lo que más les estresa es que sea la primera vez que se acuestan con una nueva pareja. Un cliente, Bill, de treinta y cinco años, decía que se había sentido como si hubiera vuelto a la adolescencia, que las manos le sudaban y que se le aceleraba el corazón. Una vez superada la primera vez, todo fue bien, pero ahí estaba esa gran valla, autoimpuesta, que antes tuvo que saltar. Afortunadamente, su fuerte libido impidió que intentara retirarse al celibato. Lo que aquel estrés escondía era que Bill se había convencido a sí mismo de que el futuro de una relación dependía de que «lo hiciera bien» y demostrara que podía «hacer que ella se sintiera muy bien».

En esencia, tenía que demostrar que, cuando se le presentaba la oportunidad de tener una relación, sabía cumplir. Cuando le pregunté cómo creía que había vivido la situación la mujer, dijo que realmente nunca se lo había planteado desde ese punto de vista. Con una particular técnica que te voy a enseñar enseguida, le sugerí que se pusiera en la piel de su compañera y experimentara lo que pudiera sentir al acostarse con él. Fue para él toda una revelación, y dijo que, como él, ella se había sentido ansiosa y «agotada: poco puedo hacer cuando él no busca más que demostrar todo lo que vale».

Cuando se lo comentó a una mujer con la que había mantenido una breve relación, ésta le confirmó lo que él había dicho, pero añadió que ella se sentía como si estuviera de más. Dijo que le hubiera gustado que se hubiesen conocido más y mejor. Para ella, la prueba de que un hombre realmente estaba seguro de sí mismo era que no tenía prisa ni nada que demostrar. Esto era lo que la relajaba.

Fue algo que realmente impresionó a Bill: su estrategia para ganarse la aprobación de las mujeres en realidad hacía que se desapasionaran y dificultaba más aún sentar las bases para una relación duradera. A menudo algunas personas creen simplemente que no gustan al otro. Y llegan a decir cosas como: «¿Y cómo crees que me quedo yo?» Pero uno no se da cuenta de lo que pasa hasta que tiene la oportunidad de meterse realmente en esa experiencia. Por esto es tan útil la técnica que te explico a continuación. No se trata simplemente de un ejercicio escrito; para hacerlo tendrás que moverte, tanto que es posible que veas las cosas, literalmente, desde otra perspectiva.

EJERCICIO: **Espacios para el intercambio**

1. Busca un espacio, entra en él y describe, brevemente, lo que pienses y sientas al imaginar que empiezas una relación sexual con alguien.
2. Sal de este espacio y muévete unos momentos hasta despejar la mente.
3. Entra en un segundo espacio físico diferente e imagina que eres tu pareja sexual. Ahora di lo que piensas y sientes y lo que esperas.
4. Sal ahora también de ese espacio, despeja la mente y observa los dos espacios desde otro punto. ¿Qué te sorprende de estas dos personas? ¿Qué debe hacer a continuación la que te representa a ti para que todo les sea más fácil a las dos?
5. Obsérvalo todo con el ojo de la mente y fíjate en cómo reacciona la otra persona.
6. Entra en ese mismo espacio donde la otra persona estaba antes y, como ella, experimenta qué se siente al tener que actuar de esta forma diferente.
7. Regresa a tu espacio original, sé tú mismo y experimenta de nuevo la diferencia.

La confianza sexual en una relación activa

Lleváis ya cierto tiempo juntos. ¿Sigue siendo tan bonito como al principio? Aunque lo sea, no será igual, porque las relaciones maduran. Si tienes suerte, pasarás del enamoramiento a estar enamorado y a amar profundamente. Y entre tanto es posible que te sientas más seguro sexualmente de ti mismo, suponiendo que los dos tengáis claro que mantenéis una relación y que no debéis demostrar nada, como quizá sí tenga que hacerlo el actor ante el público.

Una relación activa puede ser uno de los mejores espacios en que forjar la confianza sexual, pero únicamente si los dos sabéis ser espontáneos, arriesgados, abiertos, juguetones y cariñosos. Piénsalo: ¿de dónde obtiene la mayoría de los hombres y mujeres su propia seguridad sexual? Pues de sus parejas, está claro. Así que cualquier cosa que puedas hacer para proporcionarle mayor autoconfianza a la tuya va a ser muy beneficioso para los dos y os deparará momentos muy felices.

Es tanto lo que puedes hacer para forjar la autoconfianza de los dos que se me ocurrió elaborar una lista de «Los 10 Principales», basada en lo que he visto que realmente da resultado. Una advertencia previa: el orden de estos 10 Principales no sigue ningún criterio; tú decidirás qué puesto debería ocupar cada uno. Observa cuáles te suenan y luego coméntalo con tu pareja.

Los 10 Principales de la Confianza Sexual

- **En primer lugar, debes salir de tu propia cabeza.** Ya sea que estés idealizando al otro, intentando hacer de toda la interacción un juego, o tratando de descubrir ingeniosos trucos que den resultado, todo lo llevas en la cabeza. Esto significa que realmente no estás en tu cuerpo. Y significa también que no estás en disposición de responder fácil y cumplidamente a lo que de verdad experimentes. La sinceridad es un atractivo sexual por derecho propio, porque indica que te sientes suficientemente seguro de ti mismo.
- **Aprende a dar placer.** Muchos hombres desconfían de su capacidad de proporcionar un placer intenso y prolongado a la mujer. Muchas mujeres no están seguras de qué es lo que más le gusta a un hombre. Sólo lo podréis averiguar si prestáis atención a las reacciones que provocáis. Todas os darán mucha información, incluso las que puedan indicar que vais por mal camino.
- **Piensa que las reacciones te sirven de información; no son indicio de que hayas fracasado.** Si tu pareja no se excita tanto

como esperabas, sólo significa que hace falta algo más; puede que sea algo completamente distinto, o que debas hacer de otra forma lo que haces, o que hagas lo que haces y, además, algo más. Pregúntalo. Y, por otro lado, no tengas miedo de estimular, de pedir ni de decir.

- **Relájate.** Tómate tu tiempo. Deja de buscar resultados inmediatos. En la relación sexual, la gratificación no suele ser inmediata. Además, puede ser desalentador si lo comparas con todo lo que sería posible. Muchas veces, las prisas también pueden provocar que se frustre cualquier respuesta que se esté fraguando, especialmente en la mujer.
- **Reencuadra los miedos al rechazo.** Las personas son especialmente susceptibles si creen que han sido rechazadas en el ámbito del sexo. La razón está en la estrecha relación entre nuestra sexualidad y nuestro sentido del yo. De modo que uno se encuentra de repente en el nivel de la Identidad. Deja de lado tu identidad y prepárate a aprender en el nivel de la Capacidad cómo entregarte a otra persona y proporcionarle placer.
- **Deja de esperar que esa persona sea perfecta: no lo será.** La idealización es la enemiga de la intimidad y la conexión, y también de la espontaneidad sexual. El hecho de que esa persona tenga, además de las virtudes, los defectos propios de su condición humana no significa que no te lo puedas pasar bien. En última instancia, tendrás una relación más satisfactoria porque la tienes con una auténtica persona. ¿Por qué? Porque se te permitirá que también tú tengas las virtudes y los defectos propios de tu condición humana.
- **Sé físicamente cariñoso fuera de la cama.** Los hombres olvidan a menudo que el contacto físico, tocarse, también es importante fuera de la cama. El afecto físico no erótico transmite el mensaje de que se te aprecia por ti mismo. Y con esto te sientes reafirmado en el nivel de la Identidad. Cuanto más reafirmada se siente la persona, más abierta se puede mostrar y en mejor disposición de atender a los demás. Así que, paradójicamente, el

cariño físico no erótico de tu pareja puede acabar por hacer que te sientas mejor dispuesto sexualmente.

- **Asígnale al sexo un determinado puesto.** A menos que tengas pensada una vida de encuentros sexuales de una noche, el sexo va a formar parte de algún tipo de relación permanente. Así que ¿dónde encaja? ¿Es lo más importante de tu relación? ¿Es la razón de que estéis juntos? ¿Es la razón de que continuéis juntos? Cuando se lo pregunto a las personas, me sorprende que sean tan pocas las que dicen que sí. ¿Qué espacio ocupa, pues, el sexo en tu equipaje?
- **El sexo es un adhesivo.** El hecho de que forme parte de un conjunto mayor no significa que no sea importante. Cuando la pareja pasa mucho tiempo sin actividad sexual, se resiente su relación, así que conviene que tengas claro cuándo este ¡mucho! tiempo es ¡demasiado!, y que os pongáis de acuerdo sobre la frecuencia que más os satisface a los dos. He trabajado con parejas en cuya vida sexual lo mejor fue convenir en tener relaciones cada determinados días, con independencia de que les apeteciera más o menos. Hacía que se sintieran más unidos, y sexualmente más seguros.
- **Deja que el sexo evolucione.** Habrá determinadas formas de disfrutar del sexo que te encantarán de verdad y que querrás que siempre se den en tus futuras relaciones. Pero ¿qué más podrías añadir? ¿Algo que ansíes? Puede ser algo manifiestamente sexual, pero no necesariamente. Muchas mujeres, por ejemplo, lo que quieren es que el hombre hable más. Cuanta mayor es la comunicación, más tranquilas y seguras se pueden sentir en la relación sexual, y por ello es más fácil que ésta discurra de forma espontánea.

Y por último...

Después de considerar qué puedes hacer para mejorar tanto la confianza como las relaciones, merece la pena recordar que no siempre te llevarás bien en todo momento con quien sea. Si realmente quieres tener unas relaciones mejores, necesitarás tener confianza para decir: «Sé natural, que yo lo seré también». De este modo serás una persona que posea algo que no se puede comprar con dinero: integridad y sinceridad.

La confianza te puede dar algo más: la capacidad de mantenerte firme y ser tú mismo. Y así conseguirás poner en tu vida a personas que te valoren por lo que realmente eres.

6

La confianza en el trabajo

En 2009, el veterano piloto Chesley *Sully* Sullenberger se convirtió en un héroe en un minuto, al conseguir posar en el río Hudson el vuelo 1549 de US Airways Flights, y salvar así ciento cincuenta y cinco vidas. Sullenberger, cercano ya a los sesenta años, siempre dijo que no hizo más que su trabajo, pero los medios de comunicación elogiaron la *confianza* y la valentía con que actuaron el antiguo piloto de aviones de combate y su tripulación.

El final del incidente, que hubiera podido ser una tragedia, después de que los dos motores dejaran de funcionar al colisionar la nave con una bandada de gansos canadienses, fue fruto exclusivo de la seguridad que el piloto y la tripulación tuvieron en ellos mismos. En una entrevista que le hicieron después del accidente, el comandante Sullenberger dijo a los periodistas: «Sabía que lo podía hacer».

El proceso del razonamiento de Sullenberger sobre la situación de emergencia que le tocó vivir es aleccionador. Cuando un periodista le preguntó si tuvo miedo, dijo que no, y en su lugar habló de un «factor sobresalto», porque su primera reacción fue precisamente de incredulidad. Pero el tiempo de reacción fue rápido, de modo que en unos segundos empezó a ocuparse del problema que le había surgido. Algunos pasajeros dijeron después que pensaron que iban a morir; en cambio, él se mantuvo sereno y seguro de que se podía posar sobre el agua de forma segura sin que el avión se partiera. Aunque se hallaba en una situación en que nunca antes se había encontrado, el piloto se sirvió de su experiencia de vuelo anterior para ejecutar una maniobra milagrosa:

> Sabía las cosas fundamentales que tendría que hacer y me sentía seguro de que las podría hacer. Sabía que me debía centrar en el curso del vuelo, impedir que el avión impactara con el agua con excesiva fuerza y mantener el equilibrio de las alas y el morro levantado.

En lugar de dejarse abrumar, el comandante Sullenberger repasó las tareas que debía ejecutar con éxito. Pero esto no fue todo.

Su confianza y su decisión de cumplir con su cometido no derivaban únicamente de que supiera hacer muy bien su trabajo, sino también de sus valores, y éstos en parte eran fruto de sucesos aparentemente inconexos de su vida y del significado que les atribuyó. En su libro *Highest Duty: My Search for What Really Matters* [La mayor responsabilidad: mi búsqueda de lo que realmente importa], expone sin reserva alguna su convicción de que la propia vida fue la que lo llevó a ese punto. Estaba preparado porque había vivido la vida de una forma que él calificaba de «reflexiva». En particular, el suicidio de su padre y su incapacidad de evitarlo produjo un profundo efecto en su modo de entender la vida. Ésta se le convirtió en algo extremadamente frágil, huidizo y precioso. Poco a poco, tras aquella traumática experiencia, llegó a confiar en que a través de una serie de pequeñas acciones a lo largo de su existencia llegaría a saber que su presencia podría marcar toda una diferencia.

Ésta es la historia de fondo de un suceso de suma importancia. En los críticos momentos de aquella mañana sobre el río Hudson, el hecho de que no hubiera podido salvar a su padre lo empujó con mayor ansia a salvar cuantas vidas fuera posible.

Si quieres entender por qué era tan bueno en su trabajo, debes tener en cuenta que las creencias y los valores de Sullenberger hacían que estuviera completamente motivado para cumplir con su cometido, en este caso, el de salvar vidas. Había guardado de tiempos muy duros algo que convirtió en un elemento que mejoraba su forma de vivir y lo estimulaba a hacer las cosas con la mayor perfección que su capacidad le permitía.

La confianza es muchas veces una mezcla de lo que uno sabe hacer y de lo que cree. Contar con las destrezas oportunas es sólo una parte. Determinados valores y creencias demostrarán ser magníficos motivadores para la excelencia. Aunque puedan producir resultados positivos, es posible que su origen esté en unas experiencias vitales que nada tengan de positivas. En cierto sentido, se podría decir que aquellos pasajeros deben la vida no a que el padre de Sullenberger se suicidara, sino a cómo reaccionó ante ese hecho su hijo.

Es un ejemplo extremo de un principio realmente importante: lo que hace que una experiencia pueda fortalecer o socavar tu confianza a menudo no es tanto lo que te haya ocurrido, sino la forma en que tú lo has vivido. Y así ocurre en la vida de cualquiera, también cuando no se produce en ella algo tan dramático como maniobrar y posar un avión sobre la superficie de un río. Esto me llevó hace unos años a idear el Currículum de la Confianza.

Tu Currículum de la Confianza

El currículum profesional es una reseña de lo que uno ha hecho y ha logrado hasta un determinado momento, que se presenta para solicitar un determinado trabajo. No hay buen currículum que sólo sea una sucesión de fechas: es también un relato en que se muestra que la experiencia acumulada se ajusta a las exigencias del nuevo trabajo que se solicita. Es la oportunidad que se tiene de demostrar que la experiencia de uno es un activo y que el empleador debe considerar en serio su solicitud.

Sin embargo, tu Currículum de la Confianza va destinado únicamente a ti. Es una forma de recontar y revisar todo lo que puedes aportar. Un proceso que a mis clientes les ha sido de gran utilidad.

EJERCICIO: **Elabora tu Currículum de la Confianza**

Haz memoria y reflexiona sobre todo lo que hayas logrado en la vida, sea lo que sea, desde ganar la típica carrera con la cuchara y el huevo sostenida con la boca a tus cuatro años, hasta los logros importantes de tu madurez, en el trabajo y fuera de él. Empieza por algunas preguntas básicas: ¿en qué sobresalías en el pasado? ¿Dónde —sé sincero— no te las apañabas tan bien, y en qué medida aquellas experiencias te han llevado a donde hoy te encuentras?

Puedes enfocar y elaborar tu Currículum de la Confianza como prefieras. Si quieres, puedes dividir tu vida en décadas y preguntarte cuáles fueron los momentos de plena seguridad en ti mismo en cada una de ellas y aquellos en que no te sentías con tanta confianza. Qué cosas estimulaban tu confianza y cuáles la minaban.

Al repasar el pasado, busca sucesos, buenos o malos, que hayan configurado tu forma de pensar y tus valores, para que también los puedas acumular. Es posible que te ocurra como a Sullenberger, y encuentres algunas conexiones sorprendentes. Éstas habrán producido un impacto en tu confianza, en tu forma de comportarte y en lo que creas que es posible, como suele ser habitual. Cuantas más cosas de tu vida pongas en acción, más serán los recursos con que podrás contar en tu profesión.

- ¿En qué destacabas?
- ¿En qué no te las apañabas tan bien?
- ¿Cuáles han sido tus momentos de mayor confianza?
- ¿Cuáles los de menor confianza?
- ¿Qué sucesos en los que participarais tú mismo y otros incluirías porque crees que fueron clave en tu vida?
- ¿Qué lecciones sacas de todo esto?
- Anota cinco logros que te hicieran sentir satisfecho de ti mismo.
- ¿En qué sentido ha cambiado tu confianza con el tiempo?
- ¿Cuáles son en estos momentos tus puntos a favor?
- ¿Qué nuevas oportunidades se te abren?
- ¿En qué medida la experiencia acumulada en la vida te sirve de recurso para estas nuevas oportunidades?

Tu currículum debe incluir lo que tú consideres que es bueno, no lo que otros te digan que es meritorio o de gran valor.

Mientras vayas leyendo y repasando tus mejores momentos y los acontecimientos clave de tu vida, imagina que los experimentas de nuevo. ¿Qué cosas harías ahora de otra manera? ¿Cómo aplicarías todo lo que hoy sabes y que en su momento ignorabas?

Muchas personas dicen que, al seguir este proceso, tienen la sensación de que están reuniendo por primera vez todas las piezas de su vida. No te preocupes si te encuentras con que las cosas están muy dispersas. Muchas personas dejan su tesoro esparcido por toda la playa. Cuanto más disperso te sientes, menor es tu confianza. En su lugar, quiero que lo reúnas todo de modo que puedas ver qué contiene el cofre de tu tesoro.

La confianza en tus destrezas expositivas

Si quieres sentirte profesionalmente seguro de ti mismo, es esencial que sepas hablar bien en público. Pero el miedo a hablar en público es, con mucha diferencia, al que con mayor frecuencia se enfrentan los profesionales del Coaching en Confianza. Muchas personas se escudan en el PowerPoint en sus exposiciones o presentaciones, de modo que éstas se convierten en poco más que una tediosa acumulación de datos. Pero el arte de la presentación consiste en despertar el interés público. Esto significa que quienes te escuchen te deben ver como la persona que eres y lo que representas.

Si los que te escuchan no creen en ti como presentador, lo que expongas no tendrá ninguna credibilidad. Es mucho más fácil creer en el comunicador cuando éste tiene cierta idea de lo que el público piensa. Lo que piensa una persona se puede saber no sólo por lo que diga, sino también por lo que haga. Si quieres ser creíble, la forma de comportarte es esencial.

Así pues, ¿qué cosas afectan a tu forma de comportarte cuando haces una presentación? Hay algunas que son obvias. La más evidente es la que con más frecuencia oigo cuando se lo pregunto a la gente: «Necesito sentirme seguro de que domino la materia, que controlo todos los datos, que no se me escapa nada». Sin embargo, muchas personas no se dan cuenta de que no se trata únicamente de dominar la materia; no es suficiente. Se trata de que uno sienta que la domina. De modo que cómo te sientas —es decir, tu estado— es fundamental para tener el adecuado nivel de seguridad en ti mismo. Por esto es una de las Cuatro Llaves de la Confianza. Por consiguiente, llegado el momento, será de suma importancia que sepas meterte en el estado propicio. Muchas personas dejan este proceso un tanto al azar; confían en que todo irá bien cuando llegue el momento. ¡Es una estrategia muy arriesgada!

Tener claro cuál ha de ser el estado apropiado y saber meterse en él es la pieza que falta en muchas de las técnicas de preparación de una determinada exposición en público. Y no sólo se desatiende el estado del presentador antes del acto en cuestión. La misma importancia tiene preguntarse por el estado en que debe estar el público (lo compongan una o diez mil personas) para que entienda lo que el presentador les diga. El buen comunicador sabe que debe asegurarse de que el público esté en tal estado. Y para ello tiene que averiguar qué podría hacer para conseguirlo.

¿Hay alguna actividad o alguna anécdota que puedan producir el efecto deseado?

En la PNL hay un dicho asentado: no se puede *no* influir en los demás. El simple hecho de que estemos sentados en una habitación con otra persona producirá en ella un determinado efecto, aunque no abramos la boca —a veces, en especial si no abrimos la boca—. Lo mismo ocurre con las presentaciones y exposiciones. Puedes estar seguro de que todo lo que hagas producirá su efecto en el estado de las demás personas. Otra cosa es si tal efecto será de utilidad. Hasta la más aburrida de las presentaciones, después de comer y con PowerPoint, producirá su efecto. (¡Puede servir para descansar un rato!)

Estaba en cierta ocasión asesorando al consejo de dirección de una gran agencia de publicidad sobre cómo dirigirse con mayor eficacia a posibles clientes. Era un equipo de cinco expertos llenos de ideas, pero frustrados ante su aplicación práctica. Les pedí que me hicieran una demostración de lo que se proponían hacer en una presentación que iba a tener lugar unos días después, aquella misma semana. Llevaba la iniciativa una mujer extremadamente capacitada que me resumió, como si fuera yo un posible cliente, lo que ofrecían.

Al cabo de pocos minutos, detuve la presentación y le pregunté cómo se sentía ella. «Tensa», replicó. Era evidente, por cómo lo dijo. Hasta ese momento había permanecido sentada. Le propuse que se levantara, anduviera y fuera hablando. En cuanto empezó a hablar, comenzó a cambiarle la voz. La energía contenida tenía ahora una válvula de escape. Se le suavizó la garganta y hablaba ya con mayor fluidez. En pocos minutos había dado con el ritmo adecuado para hablar y para andar. Ahora se sentía cómoda consigo misma. Le pedí que se detuviera y observara la diferencia. «Me siento más yo misma, y puedo pensar con mayor claridad», dijo. También yo me sentía de otra manera: estaba más atento y participativo. El estado en que ella se encontraba afectaba a cómo me sentía yo, y no era más que un juego de simulación.

A continuación le pregunté por qué le interesaba tanto aquel asunto y lo que estábamos haciendo. Lo tenía muy claro: «Nos abriría muchas puertas. Si somos capaces de demostrar que podemos ser rentables para las empresas, todo mi equipo pondrá el máximo empeño en conseguirlo. Esto es realmente lo que me gustaría». Era algo nuevo para los otros miembros del consejo de dirección, que lo entendieron inmediatamente.

De repente se estaba liberando un tipo diferente de energía, la energía emocional que nace del entusiasmo. Era algo que a ella le importaba de verdad.

Así pues, si quieres tener mayor confianza cuando tengas que hacer una presentación, debes emplear en ella tanto tu energía física como tu energía emocional. Has de conseguir apasionarte cuanto sea necesario. Si muestras interés por lo que dices, despertarás también el interés de quien te escuche.

Otra cosa que va a marcar una gran diferencia es cómo mires y veas realmente a tu público. Muchas personas se sienten intimidadas, por lo que procuran reducir al mínimo el contacto visual con el público. Es lo peor que puedes hacer. Ante esta conducta, las personas piensan que no te sientes seguro de ti mismo o de lo que dices (y, por consiguiente, que quizás harían mejor en dudar también ellas), o te ven distante, y hasta cohibido. No veas en el público un grupo de personas dispuestas a intimidarte o juzgarte, y míralas, fíjate en sus caras y sus rasgos individuales. Deja que sean personas de nuevo, y empieza a relacionarte con ellas como tales. Devuélveles lo que las hace humanas, y ellas te devolverán a ti lo que te hace a su vez ser humano.

Los propulsores de la confianza en las presentaciones

1. **Prepárate con tiempo pensando siempre en los estados.**
   a) Pregúntate en qué estado quieres que estén las personas que te van a escuchar para que se muestren receptivas al máximo.
   b) Decide cómo puedes generar en ellas este estado. ¿Hay alguna historia o actividad que te pueda ayudar a conseguirlo?
   c) Pregúntate en qué estado has de encontrarte *tú* para lograr lo que te propongas.
   d) Decide cómo vas a generar en ti este estado.
   e) Pregúntate en qué estado quieres que se encuentre el público al finalizar tu presentación.
   f) Decide qué necesitas *tú* para que sea posible.
2. **Moviliza tu energía física para darte fuerza y dársela al público.** Usa tu Ancla de la Confianza (página 98) para meterte en

el mejor estado. Recuerda también que en las presentaciones muchas personas pierden su dinamismo. Sin embargo, cuanto menos te muevas, más frágiles parecerán tu voz y tu forma de actuar. Levántate y muévete.

3. **Moviliza tu energía emocional para darte fuerza y dársela al público.** Entusiásmate; si no lo haces, ¿por qué iba a hacerlo el público? Y si lo que expones realmente no te engancha, pregúntate si no ha llegado el momento de pasar a otra cosa.
4. **Devuélvele al público lo que lo hace humano.** Ocurre a menudo que los comunicadores se asustan al ver el público como una masa amorfa, sobre todo si es un público que se les antoja numeroso. Vuelve a mirarlo y fíjate en cada una de las personas que lo componen. Fíjate en sus caras, deja que sean de nuevo individuos, y conecta con ellos. De este modo no te sentirás abrumado.

La confianza en la toma de decisiones

Se podría decir que el comandante Sullenberger es una persona que sabe tener confianza al tomar decisiones. Me asombra que en todas las entrevistas empleara sistemáticamente el que yo denomino «lenguaje de la confianza». Se trata de una forma de expresar competencia y auténtica confianza sin resultar sentencioso o altisonante. Dijo que tenía confianza en que podría hacer aquel amerizaje de emergencia y mantener el avión intacto (y a sus pasajeros), porque se sentía seguro de que sabía lo fundamental para realizar aquella maniobra, y con la fuerza de esa confianza y seguridad pudo tomar una serie de decisiones que salvaron todas aquellas vidas.

El lenguaje que empleamos incide en la imagen que damos a los demás. Si quieres producir una impresión de confianza, e infundirla, en las personas a quienes afecten tus decisiones, debes prestar atención a tu lenguaje y a lo que transmite a los demás. Por tu forma de hablar, ¿pareces más vacilante y tímido de lo que te sientes o, en el otro extremo, corres peligro de parecer sentencioso?

Muchas personas nunca se han detenido a pensarlo, o simplemente se ponen a hablar y nadie sabe qué puede salir de su boca. Pero cualquiera puede dominar adecuadamente el uso de un lenguaje que transmita seguridad en uno mismo. Y lo digo por experiencia: dirigía en cierta ocasión un programa sobre el lenguaje de confianza. La mayoría de los participantes encontraban mejores formas de expresarse, además de las que ya poseían, pero a una delegada toda esta idea le parecía confusa y no veía la razón de tener que trabajar el lenguaje. Hicimos después un juego de simulación sobre ella y su jefe, que la intimidaba un poco. Cuando la mujer cambió su forma de hablar, empezó a sentirse más segura y capaz de mantenerse firme en sus opiniones. Estaba contenta, y yo también. Pero supe que aquella mujer impecablemente vestida había entendido la idea cuando, durante el descanso, oí que le decía a uno de sus colegas que «escoger el lenguaje adecuado es tan importante como decidir el vestido apropiado».

Y aquí es donde entra en escena el Continuo del Lenguaje de Confianza. Es una forma de ayudarte a determinar en qué punto se encuentra actualmente tu forma de hablar.

El Continuo del Lenguaje de Confianza

¿En cuál de los siguientes puntos dirías que se encuentra actualmente tu lenguaje?

Tímido... Vacilante... CONFIADO... Confiado en exceso... Sentencioso

¿Empleas sistemáticamente palabras o expresiones que a los demás les suenen tímidas o vacilantes? Entre ellas, puede estar la permanente pregunta de *¿Tú qué crees?*, un hábito que muestra la inseguridad de aventurarse a opinar por uno mismo. *¿Crees que debería...?*, *¿Quizá...?*, *¿Tal vez...?*, *¿Deberíamos...?* son todos patrones de lenguaje propios de personas vacilantes en la toma de decisiones.

La confianza en la toma de decisiones requiere el poder hacer sugerencias, ideas o propuestas, con el uso de palabras y expresiones que inspiren confianza, por ejemplo: *Creo que quizá queramos...*, *¿Y si hiciéramos...?*, *Estaba pensando que nos iría muy bien que pudiésemos...*, *¿Y si nos pusiéramos a...?* El signo distintivo de una toma de decisiones segura es que sea un diálogo entre todas las partes implicadas y facilite que haya una buena flexibilidad y más de una opinión.

Tomar decisiones con excesiva confianza puede desasosegar a los demás tanto como una actitud tímida o indecisa. La confianza desmesurada en realidad es una confianza gratuita en cómo van a ir las cosas y, tal vez, una seguridad desorbitada en el propio juicio. Observa que cuando Sullenberger habla de sus decisiones no da la imagen de una persona segura en exceso de sí misma («seguro que todo irá bien»), ni enfática («sólo se puede hacer como yo digo»). La suya es una confianza basada realmente en un análisis muy serio: ha reunido toda la información que necesita para tomar su decisión (los motores se han averiado; el avión está a suficiente altitud para sobrevolar el puente Washington) y ha escuchado la información adicional de los controladores aéreos.

Cuando observes tu lenguaje de confianza, pregúntate:

- ¿He de insistir?
- ¿He de moderarme?
- ¿Estoy, como el comandante Sullenberger, en el punto correcto?

Construir la confianza mediante la fragmentación

Hay algo más que podemos aprovechar de la explicación que Sullenberger da de su experiencia. Me quedé fascinado al leer en una entrevista que le hicieron que *no* estaba seguro de poder solucionar *todos* los problemas que se les habían planteado a él y a su tripulación cuando fallaron los motores, pero *sí* de que podía solucionar el primero, y luego el siguiente...

En otras palabras, no lo desconcertó el enorme reto que mostraba la imagen más grande —aterrizar sin perder ninguna vida—, sino que fue abordando los problemas a medida que iban surgiendo. Es el arte de la fragmentación: tomar cualquier reto y descomponerlo en porciones manejables. Es una de las herramientas más útiles de que dispones.

Siempre que te sientas incapacitado o desbordado, pregúntate cómo puedes descomponer en porciones manejables el problema o decisión que te ocupen. Hazlo así y comprobarás, como bien demostró Sullenberger, que consigues evitar el desconcierto, incluso cuando no dispongas más que de unos minutos para resolver la situación.

EJERCICIO: **Fragmentar la confianza**

1. Piensa en un asunto que te parezca *grande*. Puede ser alguno actual o uno del pasado.
2. Imagina que eres capaz de abordarlo porque hay una serie de pasos para resolverlo y dispones de tiempo para ir siguiéndolos.
3. Determina cuál puede ser su mejor secuencia.
4. Ante los ojos de la mente, pásate una película en la que aparezcas dando los pasos uno tras otro durante el tiempo que sea necesario, y observa qué parece visto desde fuera. Haz cualquier ajuste útil que se te ocurra al ver la película.
5. Ahora pasa la película a cámara rápida para ver la secuencia completa. Prueba con distintas velocidades.
6. Entra en la película y experimenta qué supone dar un paso tras otro, pero con cierta rapidez. Haz cualquier ajuste que sea necesario.
7. Repite la experiencia y sé tú mismo quien la viva, junta los dedos corazón y pulgar y añade la experiencia al Ancla de la Confianza.

La colaboración con confianza

Los líderes de mayor éxito son, invariablemente, personas colaboradoras. Saben que no lo pueden hacer todo por sí solos. Y esto significa que necesitan trabajar eficazmente con los demás. Algunas de las decisiones más importantes que tendrás que tomar en el trabajo, y tomarlas con confianza, tendrán que ver con la colaboración.

En última instancia, la colaboración no es más que confianza en los demás. ¿Confías en quienes trabajan contigo? De ahí surge toda una serie de preguntas en múltiples y diferentes Niveles Lógicos. ¿Confías en su sinceridad e integridad (Identidad), en su juicio (Creencia), en sus destrezas (Capacidad) y en que cumplan como deben en determinadas circunstancias (Conducta y Entorno)?

Hace más de veinte años, fundé una organización llamada Seminarios Docentes Internacionales (ITS). Con el tiempo ha ido cobrando más y más fuerza, y hoy se la considera la organización de más éxito de las que se dedican a la PNL y el coaching en el mundo. Tuve la visión y soy su fundador, pero la razón de que siga conservando su vigor es que su dirección está a cargo de un equipo. Trabajo *con* las personas con quienes trabajo. Tienen un extraordinario espíritu de colaboración, se sustituyen mutuamente cuando hace falta, debaten con pasión entre ellas ¡y conmigo! (A mis clientes les suelo decir que este tipo de confianza haría que muchas organizaciones tuvieran muchísima más energía y dinamismo.) Cuando pienso en mi propia evolución a lo largo de estos años, diría que una de las lecciones más importantes que he aprendido ha sido no sólo la de delegar más, sino también la de confiar más en los demás. Creo que ha sido un proceso que ha seguido unas fases, siempre basadas en la seguridad de que mis colaboradores entendían lo que yo intentaba hacer, y yo veía que ellos cumplían con su cometido.

La colaboración basada en la confianza permite trabajar de forma *más inteligente.* Nadie trabaja encerrado en una burbuja; saber trabajar con otras personas es una habilidad que se puede aplicar a todos los trabajos y en cualquier situación laboral en que uno se encuentre. En el capítulo dos veíamos que hay muchos tipos de confianza; lo mismo ocurre con la colaboración. Hay tantos tipos posibles de colaboración como tipos de relaciones. Pero la colaboración con confianza debe ser realista.

EJERCICIO: **Reconocer la colaboración con confianza**

Fíjate en la siguiente lista y observa si alguna persona con la que trabajas tiene alguna de estas características:

- Tu colaborador confía en exceso en ti y muy poco en sí mismo.
- Tu colaborador confía en exceso en sí mismo y muy poco en ti.
- Tu colaborador confía en exceso en ti y en sí mismo (¡iluso!).
- Tu colaborador confía muy poco en ti y en sí mismo.
- Tu colaborador confía en ti y en sí mismo.

Una buena colaboración exige confianza entre todas las partes implicadas, de modo que, antes de decidir trabajar con otras personas, pregúntate si éstas confían en ti y *tú* confías en ellas. Si buscas una colaboración más inteligente, también deberás comprobar que tú y aquellos con quienes piensas colaborar compartís muchos valores y confiáis mutuamente en vuestro trabajo y experiencia.

Puedes probar con cualquier colaboración que sobre el papel parezca buena, pero si no hay unos valores comunes, no es probable que tengas éxito. De este sentimiento de compartir unos mismos valores surgirá una visión también compartida, además de la convicción de que lo que podéis lograr juntos es mejor que lo que podríais conseguir por separado. La mejor colaboración siempre se da entre personas que se ponen a trabajar desde una posición de fortaleza, en la que tú también te debes encontrar. Así que pregúntate si estás seguro de que posees algo de valor que puedas aportar.

La colaboración con confianza: un ejemplo

Maggie y Julia se conocieron cuando trabajaban juntas en un periódico local, donde Maggie era la reportera con más años en el oficio (con una diferencia de diez años) y Julia la novata en el mundo de la prensa. Maggie se hizo cargo de la joven Julia para que no se sintiera «desprotegida» mientras se iba acostumbrando a su puesto de trabajo, a los nuevos personajes que eran sus editores y a una forma de trabajar más dura, más sensacionalista que aquella a la que estaba acostumbrada.

Hace de esto veinte años. Hoy, Julia y Maggie siguen colaborando. La única diferencia es que ahora Julia, como editora de una revista, es quien tiene la última palabra, y Maggie, como escritora por cuenta propia, quien depende de sus decisiones. Maggie, mi cliente, me decía que le encantaba trabajar con Julia, porque «sabe lo que quiere, con lo que me es más fácil trabajar debidamente. Tengo mucha autonomía, y ella siempre se acuerda de darme las gracias, algo inaudito hoy en el mundo del periodismo».

Lo que demuestra esta relación es que las mejores colaboraciones no son estáticas, sino que pueden cambiar, y cambian, con el tiempo. Julia es muy buena en lo que hace, y Maggie lo sabe. Maggie es muy buena en lo que hace, y Julia también lo sabe. Es una excelente relación de colaboración, ¡que probablemente dure hasta que una o ambas se jubilen!

Del miedo a la colaboración

Dos de los signos más reveladores de falta de confianza profesional son el celo por «los cauces reglamentarios» y hacerlo todo escrupulosamente según digan las normas, o amontonar papeles que puedan eximirle a uno de cualquier responsabilidad si la iniciativa en cuestión fracasa. Los colegas que se cubren las espaldas se mueven por miedo, que es lo diametralmente opuesto a la colaboración con confianza. Cuando se siente verdadera confianza, se está dispuesto a asumir responsabilidades y a rendir cuentas, cualesquiera que sean los resultados de la colaboración.

No hace mucho, estaba trabajando en Estados Unidos con un superintendente escolar recién nombrado, responsable de un distrito escolar con mucho futuro. Aunque feliz de haber conseguido este buen empleo, para su sorpresa descubrió que se sentía inseguro de sí mismo y de cómo debía actuar. Le preocupaba que no parecía que hubiera lo que él llamaba «un espíritu de colaboración». Mientras hablábamos, le pregunté por su predecesor, que prácticamente se había esfumado. Le sugerí que hablara en privado con las personas clave de su personal, para hacerse una idea de lo que había sido trabajar con aquel hombre. Resultó que era dado a acosar y fomentaba una cultura del miedo.

Los acosadores odian la colaboración porque da más poder a los demás. El acoso nace del supuesto de que sólo se puede tener autoridad si los demás tienen miedo. Naturalmente, lo que esto significa es que los acosadores nacen del miedo: tienen miedo de que, si los demás no lo tienen, no puedan dominar el suyo.

Efectivamente, los profesores de aquellas escuelas habían aprendido a no tener iniciativa propia y a asegurarse de que fueran otros quienes se responsabilizaran de las cosas por miedo a que en el futuro les plantearan problemas. El resultado era una actitud de aislamiento y permanente recelo, y unas ansias de no tener que dar explicaciones de nada. Responsabilizarse de algo suponía estar expuesto a las críticas del acosador. Así que el predecesor de mi cliente había conseguido minar la confianza del personal docente —del que se esperaba que alentara en sus alumnos la seguridad en ellos mismos—. Sin embargo, como le señalé, al socavar la confianza de los profesores, se había producido sistemáticamente algo más, que era toda una paradoja: se trataba de un sistema escolar en que se suponía que los alumnos debían aprender, pero el propio sistema no era una organización de aprendizaje.

¿Qué se podía hacer? El paso siguiente fue analizar cómo podía cambiar aquel sistema de trabajo el nuevo superintendente. La confianza en los demás y la transparencia pasaron a ser la consigna. Lo más importante que él —o cualquier otra persona— podía hacer para fomentar la colaboración era empezar a actuar de forma que demostrara no sólo ser digno de confianza, sino que confiaba en los demás. El signo que demuestra que se va a confiar en los demás es empezar a hacerlo en algo que a uno le importe, de modo que el superintendente debía desvelar algo de sí mismo y de su forma de pensar, en especial sus creencias y sus valores.

Pedir ayuda a sus profesores, dejarse asesorar por ellos y después tomar decisiones claras indicaría que las cosas iban a ser distintas. Asumir compromisos claros y cumplirlos, es decir, estar dispuesto él mismo a dar cuentas de su actuación, era la mejor forma de empezar a demostrar lo que esperaba de su personal. Fomentar las iniciativas de colaboración y aportar los recursos necesarios para llevarlas a cabo, y después hacer caso de las personas que estaban bajo su responsabilidad, sería también un punto de partida radicalmente nuevo y mandaría unos mensajes muy claros. Mientras íbamos estudiando todas estas posibilidades, mi cliente se dio cuenta de que podía hacer muchas cosas para empezar a actuar de la forma que en resumidas cuentas más cómoda le era. De paso, sería modelo de un estilo de liderazgo completamente distinto del de su antecesor. Esto lo tranquilizaría y podría de esta forma dar lo mejor de sí. También mostraría una ruptura radical con el pasado. Le bastaba pensar en todas estas posibilidades para recuperar la seguridad y confianza en sí mismo. Llevarlas a la práctica hizo que los profesores recobraran el ánimo y las ganas de trabajar. Cambió el ambiente, e incluso mejoraron las notas de los alumnos.

Sentirse más seguro en las reuniones

Para que las reuniones sean provechosas, es necesario cierto grado de colaboración, y ésta requiere confiar en los demás. Si quieres mejorar esta confianza, deberás tener claro de antemano para qué os habéis reunido tú y los demás. Cuanto mejor preparado estés tú para una reunión, más confianza tendrás. Para conseguirlo, una de las cosas más útiles que puedes hacer es ponerte en la piel de las otras partes. Ya hemos visto cómo lo puedes hacer de forma práctica con las relaciones personales («Espacios para el intercambio», página 120). Déjame que te muestre ahora una forma de aplicar el mismo principio para prepararse para cualquier reunión importante.

Recuerda que estás trabajando con tu «versión» de la otra persona o del otro equipo. Para comprenderles mejor, debes hacer todo lo posible para meterte en su piel. Esto no significa, claro está, que vayas a saber absolutamente todo lo que le pase por la cabeza a la otra persona, pero te harás una idea mejor de lo que pueda estar pensando, para luego tú actuar como creas conveniente. De esta forma puedes ahorrar tiempo y generar nuevas ideas sobre adónde apuntar y cómo comportarte cuando estés ya en la reunión.

He enseñado este proceso a personas y equipos de todos los niveles de responsabilidad y competencia. A veces hago que las personas representen físicamente cada opinión, de manera que entran en un espacio físico diferente asignado a cada punto de vista. (Parece que es muy efectivo.) Otras veces las personas se sientan con una hoja de papel en la mano e imaginan que van recorriendo las diversas opiniones. En ambos casos, me dicen que se sorprenden por lo deprisa que funciona la estrategia, por lo mucho que les revela y por cómo se sienten preparadas y, por consiguiente, seguras de sí mismas.

EJERCICIO: **Cómo sentirse más seguro en las reuniones**

Dicho brevemente, si quieres reuniones más efectivas y mejores relaciones, debes tener claro por qué las otras personas acuden a la reunión y qué es lo que quieren. Este ejercicio es una forma increíblemente efectiva de hacerlo. Cuando te pones en el lugar de otra persona, parece que la comprendas mejor, y esto significa que te puedes relacionar con ella, personal y profesionalmente, con mayor confianza.

Dibuja en el suelo tres espacios diferentes, numerados del uno al tres. Cada uno tendrá una función distinta y te dará una perspectiva diferente.

- En el primer espacio, serás tú quien mirará a través de tus propios ojos.
- En el segundo tú serás la otra parte, sea una persona o un grupo, da igual.
- En el tercero, tienes que distanciarte y observar desde fuera y de forma más imparcial a las dos partes.

1. Colócate en el primer espacio. Pregúntate: ¿qué resultados quiero obtener y hasta qué punto estoy dispuesto a ceder?
2. Colócate en el segundo espacio. Pregúntate: ¿qué resultados quieren obtener y hasta qué punto están dispuestos a ceder?
3. Colócate en el tercer espacio. Después de lo que has dicho en el primer y segundo espacios, ¿qué es lo que te sorprende de las dos partes? ¿Qué ha de ocurrir para que la reunión sea productiva para todos? Piensa cuál podría ser el paso siguiente.
4. Con todo lo que sabes, repasa las diversas posibilidades que se te abren y hazlas realidad.

Tener confianza para decir «no»

Hay un dicho que se repite en el mundo de los negocios: nunca firmes un acuerdo que no te puedas permitir incumplir.

Muchas veces las personas tienen miedo de perderlo todo si no aceptan lo que se les propone. Pero saber decir «no» es tan importante como saber decir «sí», y requiere un determinado tipo de confianza: por atractivo que pueda parecer lo que sea que se te ofrezca, al final has de saber guiarte por tu instinto y no dejarte seducir.

Mi cliente Greg era una persona de éxito: su nuevo negocio, para sorpresa de todos, iba viento en popa, su trabajo era gratificante, y se diría que todo iba sobre ruedas en su mundo; pero Greg empezaba a observar que, a medida que el negocio iba mejorando, la socia que tenía, Julie, se volvía más voluble e imprevisible.

Estresada por el éxito rápido e inesperado de la empresa, Julie empezaba a comportarse de forma extraña. Llamaba a Greg a todas horas, lo controlaba, y muy pronto él empezó a sentirse perseguido. El negocio funcionaba, pero la sociedad no. Al cabo de seis meses de todo esto, Greg empezó a pensar que el precio que estaba pagando —la inestabilidad e imprevisibilidad de Julie— era demasiado alto.

«Julie cambió», me decía Greg. Era evidente que veía otro lado de ella, pero ésta seguía siendo la misma persona. Ahora, sin embargo, Julie se enfrentaba a lo que para ella era el estrés del éxito.

Después de rumiarlo mucho —la verdad era que el negocio no dejaba de prosperar—, Greg, seguro de sí mismo, tomó una decisión. Decidió retirarse y empezar de cero otra vez. Era un movimiento osado. Eso fue hace diez años, y nunca se ha arrepentido. Lo sé porque cuando decidió que había llegado el momento de incorporar a otras personas a su negocio, me llamó, ¡y nos aseguramos de que esta vez sus socios fueran personas que, entre otras cosas, supieran afrontar el éxito!

7

Confianza, salud y riqueza

Confianza en la salud: hacerte cargo de tu propia salud

La salud y la riqueza son dos ámbitos en los que tus creencias pueden tener un gran impacto en tus posibilidades. Para mostrarte a qué me refiero, deja que te hable de uno de mis clientes a quien hacía poco le habían diagnosticado diabetes tipo 2. Quería hacer algo. Le sorprendió descubrir que cambiar la dieta y hacer más ejercicio físico pudieran producir un cambio sustancial. Seis meses después, volvió al médico para hacerse nuevos análisis, seguro de que saldrían mejor. Y así fue. Los análisis habían dado negativo. Le parecía que tocaba el cielo y se sentía muy satisfecho de sí mismo por haber conseguido darle la vuelta a la situación. Sin embargo, la enfermera veía en aquellos análisis algo extraño, y decidió repetirlos. El resultado fue el mismo. Incapaz de dar crédito a que se pudiera haber producido un cambio de aquella magnitud, pensó que había un error en los primeros análisis, de hacía seis meses. No podía creer que tal cambio fuera posible, por lo que necesitaba explicar los resultados de un modo u otro, y decidió ajustar (modificar) la realidad (anterior). De este modo evitaba cualquier cambio en sus creencias.

Decimos a menudo que «si no lo veo, no lo creo». Pero lo cierto es que sólo se puede ver algo si se cree en ello; o, más exactamente, sólo podemos ver lo que tenemos delante de los ojos cuando creemos que es posible.

¿Qué crees, pues, sobre tu salud? Intenta anotar tus creencias sobre ella. A la mayoría de la gente le resulta muy difícil, porque nunca habían pensado en ello. Así que, para empezar, te voy a exponer algunas de mis creencias de las que con los años me he ido dando cuenta.

1. Puedo hacer que mi salud sea mejor o peor.
2. Lo que ahora hago o dejo de hacer afectará a mi salud en el futuro.

Si quiero estar sano, debo invertir en mí mismo lo que la buena salud requiere.

3. Ningún procedimiento sanitario tiene todas las respuestas. Cuantos más familiares me sean, más probabilidades tengo de encontrar lo que mejor funcione, para mí y para los demás.
4. La salud es una cuestión de niveles. En todo momento estamos en un «continuo» de salud. En un extremo están el bienestar radiante y la vitalidad sin límites, y en el otro, la enfermedad crónica que desemboca en la muerte.
5. Nada hay que no tenga tratamiento. Es posible que no sepamos qué es lo mejor que podemos hacer, por lo que debemos empezar con el sistema de ensayo y error.

Entiende, por favor, que cuando digo que éstas son algunas de mis creencias, no proclamo en modo alguno que sean acertadas. Técnicamente, cada una es en realidad algo que yo decido suponer. Las creencias son nuestra forma de entender el mundo. Pero para muchos las creencias, sean ciertas o no, configuran nuestro mundo porque actuamos como si fueran verdad.

En mi caso, estas cinco creencias me son todas realmente útiles, porque me ayudan a perfilar mi propio destino y, cuando las comparto, ofrecen a mis clientes la máxima variedad de posibilidades para estimular la salud. Tomemos la creencia número cinco. Si crees que nada hay que no tenga tratamiento, estarás interesado en cualquier prueba de que un determinado tratamiento puede ser útil, sea por razones inesperadas o por otras que aún no comprendemos. Un ejemplo actual: hoy disponemos de datos extremadamente buenos para demostrar que cuando las personas que padecen la enfermedad de Parkinson bailan, mientras dura el baile muchos de sus síntomas cesan de forma espontánea e inmediata. En estos momentos se están formulando hipótesis sobre cuáles puedan ser las razones, pero realmente no sabemos qué es lo que pasa.

Me sorprendió la actitud de un médico que trabaja con estos enfermos de Parkinson. Al comentar en una entrevista que le hacían en la NBC éstos y otros descubrimientos, el doctor Abraham Lieberman decía: «No sé cómo funciona mi iPhone, pero funciona». Una mentalidad muy distinta tenía aquella enfermera que, para que sus creencias no quedaran en entredicho, necesitaba reescribir el historial médico de mi cliente. Es también una forma de pensar clásica de la PNL: si funciona, usémoslo.

EJERCICIO: **Tus creencias sobre tu salud**

¿Qué crees en general sobre tu salud? Piénsalo durante unos días, y luego anota las cinco creencias. (Puedes empezar por considerar si estás de acuerdo con mis creencias que antes te señalaba.) A continuación, pregúntate si estas creencias te sirven o si necesitas cambiarlas. Si las has de cambiar, una forma de hacerlo será empezar con el Modelo ABC (página 86). Busca también ejemplos opuestos que demuestren que son posibles otras alternativas.

1. ....
2. ....
3. ....
4. ....
5. ....

La importancia de la realimentación

Saber hacer un seguimiento de cómo nos sentimos es esencial para estar seguros de que sabemos qué nos ocurre. Para saber qué te ocurre, debes prestar atención a la realimentación que recibas, sea exterior (tus análisis anuales, la reacción de tu pareja a alguna sugerencia tuya) o interior (esta actividad me hace sentir bien, este tipo de comida me sienta mal). Para sentir confianza en la salud —y en la riqueza—, debes contar con cierto grado de buena realimentación, que te permita saber cómo estás.

Alguna realimentación es inmediata: tocas un plato caliente y enseguida lo sueltas. Pero lo más habitual es que experimentemos lo que se conoce como realimentación aplazada. Hace unos años, en una de las visitas regulares que hago al dentista, vio que tenía las encías un poco inflamadas. Me dijo lo que tenía que hacer, y lo hice. Al cabo de seis meses, volví al dentista, y todo seguía igual. Era evidente que había algo que yo no hacía bien. Necesitaba acortar el bucle de realimentación para poder corregir más deprisa mi conducta. Acudí al higienista dental una vez al mes durante tres meses. Me dio unos consejos, los seguí y el resultado fue que los problemas se resolvieron relativamente pronto. Cuanto más corto es el bucle de realimentación, mejor es ésta.

La realimentación aumenta tu confianza al menos de tres maneras distintas:

- **La realimentación es un motivador.** Uno de mis clientes acabó por darse cuenta de que el alcohol le agudizaba el dolor crónico que padecía desde que tuvo un accidente de tráfico hacía cinco años. De repente se sintió muy motivado para dejar de beber, y empezó a sentir menos dolor que en cualquier otro momento de aquellos cinco años.
- **La realimentación nos capacita.** Era la primera vez que ese cliente contaba con algo que le indicaba que él podía realmente intervenir en la intensidad de su dolor. Ya no se sentía en el extremo receptor de algo sobre lo que no tenía control.
- **La realimentación puede cambiar las creencias.** Hasta entonces, nunca había pensado que pudiera controlar su dolor. Y desde luego no creía que el alcohol afectara a éste. Le indiqué que si bebía más de lo habitual sentiría más dolor. Ansioso por demostrar que me equivocaba, me hizo caso; pero se dio cuenta de que yo tenía razón. Así fue como comprendió por primera vez que podía influir en su dolor.

Aprender a prestar atención a la realimentación

La realimentación sobre la salud se produce de muchas maneras, no sólo en los análisis clínicos; las preguntas más adecuadas son:

- ¿Reconocemos como realimentación lo que está ocurriendo?
- ¿Le prestamos atención?
- ¿Creemos lo que nos dice?
- ¿Actuamos en consecuencia?

Consideremos las reacciones somáticas. Muchas personas simplemente no se prestan atención a sí mismas. Y cuando lo hacen, muchas veces no saben cómo reaccionar. El bostezo es un ejemplo muy claro. Estaba hace poco en una reunión con una de mis colaboradoras, una persona muy entregada a su trabajo y de muchísima energía. Eran más o menos las 12.30, y observé que mi colaboradora bostezaba, una vez, y otra, y otra. No estaba aburrida ni cansada. Así que le dije que el bostezo muchas veces está relacionado con una bajada del nivel de azúcar, y quiere decir que hay que comer. Ella no lo sabía. Desde entonces sabe que, cuando le ocurre lo mismo, tiene que comer algo, y los resultados son inmediatos.

Nuestras reacciones somáticas son a menudo una forma de realimentación de valor incalculable, y hasta pueden tener un poder predictor. En mi caso, sé, por ejemplo, que si empiezo a sentir una especie de dolor en la oreja izquierda, necesito más descanso y tomarme las cosas con más calma. Si no lo hago, tengo muchas más probabilidades de que contraiga alguna infección que, si se produce, evidentemente me obligará a descansar y a tomarme las cosas con más calma.

Muchas veces mi trabajo me lleva a tener que animar a las personas no sólo a que presten atención a esta realimentación, sino a tomársela en serio, y luego a actuar en consecuencia. ¿Por qué es importante? *Porque la realimentación es una comunicación que nos llega de nosotros mismos.* Al aprender a atender a esta realimentación interna, aprendes a escuchar la voz de la sabiduría interior.

¿Con qué mecanismos de realimentación cuentas que te permitan saber cómo te comportas con tu salud? Los siguientes son algunos puntos que conviene recordar:

- **Debes saber qué es lo que te da fuerza y qué lo que te debilita.** Es algo particular de cada persona. Un cliente se daba cuenta de que si dormía bien podía afrontarlo prácticamente todo. Otra decía que sentirse unida a sus hijos adultos le era extraordinariamente saludable. Si sabes qué es lo que mayores beneficios te reporta, puedes hacer de ello lo prioritario.
- **Necesitas cierta información básica, por lo que has de ser curioso.** ¿Sabías, por ejemplo, que cada vez son más los estudios que indican que la salud dental puede ser un indicador de enfermedades que afectan a otras partes del cuerpo? Enfermedades que van

de las cardíacas a la demencia.[6] Esto significa que mantener una buena salud dental es una buena medida preventiva para la salud de todo el cuerpo.

- **Si no estás seguro, ten la valentía de preguntar.** Muchas personas tienen preguntas sobre salud cuya respuesta desconocen. Consúltalas con un profesional. Cuando acudas a profesionales de la salud, harás bien en preguntarles todo aquello que se te ha quedado sin responder después de que hayas intentado saber qué te pasa.

EJERCICIO: **Los bucles de realimentación de tu salud**

Las preguntas siguientes te servirán para que vayas prestando atención a tu propia realimentación:

La realimentación interna

- ¿Qué cosas te hacen sentir realmente bien? ¿Cómo se plasman en tu cuerpo?
- ¿Cuáles son los síntomas característicos que te indican que estás forzando tu salud?
- ¿Qué es lo que realmente te va bien y hace que te sientas estupendamente?
- ¿Qué es lo que más mina tu salud?
- ¿Cuáles son los puntos débiles de tu salud? ¿Cómo los atiendes?

La realimentación externa

- ¿Te haces revisiones dentales con regularidad?
- ¿Te haces un chequeo general de forma periódica?

El poder de la estructura

Indefectiblemente, al comenzar un nuevo año, millones de personas de todo el mundo se proponen hacer más ejercicio físico, adelgazar o beber menos. Son las clásicas promesas de Año Nuevo. Pero, como dijo en cierta ocasión el humorista estadounidense Joel Adams: «¡Ojalá todos los problemas duraran lo que duran las promesas de Año Nuevo!»

A muchas personas les ocurre que, pese a su sincera decisión de cambiar, sus promesas de Año Nuevo se desvanecen muy pronto. Es algo que no tiene mucho que ver con las propias promesas. Todo está en que uno tenga o no unas estructuras de apoyo que lo sostengan a lo largo del tiempo.

Esto es lo que ocurre: en el momento en que nos comprometemos a hacer algo y tomamos tal resolución, tenemos el sincero sentimiento de que es esto lo que queremos. Pero los sentimientos son pasajeros y cambian continuamente. Mientras te sientas como te sentías cuando tomaste esa resolución, tienes posibilidad de hacer ese cambio. Pero la realidad es que, en cualquier día determinado, experimentas toda una variedad de estados interiores, y sólo algunos de ellos es probable que te ayuden a cumplir las promesas de Año Nuevo.

Si quieres asegurarte el éxito y hacer cualquier cambio que beneficie a tu salud, necesitarás crear estructuras en que puedas apoyarte cuando quizá no lo puedas hacer en tu estado interior. Las estructuras que funcionan siempre aseguran que cualquier conducta o régimen puedan ser *regulares, constantes* y *activos.*

Las rutinas son un claro ejemplo de estas estructuras de apoyo. Para conseguir lo que te propongas, muchas veces es fundamental que incluyas a otras personas en tus rutinas. En mi caso, sé que aunque deseo los beneficios de cumplir lo que me propongo esto no significa que lo consiga. Por esto, hace diez años decidí delegar la motivación: desde entonces cuento con un entrenador personal que aparece por mi casa dos veces a la semana, me guste o no.

EJERCICIO: **Dispón tus estructuras**

Así pues, ¿de qué estructuras necesitas disponer *tú*? Si no cuentas con ellas, tienes todos los números para fracasar. Sea que no te encuentres con el estado de ánimo adecuado en un momento determinado, o que, a veces, te sientas superado por todo lo que hay que hacer, como les ocurre a muchas personas, pregúntate:

1. ¿Qué hay que hacer para que los cambios necesarios se puedan fragmentar en porciones manejables?
2. ¿Cuáles podrían ser estas porciones manejables?
3. ¿Cuál es la mejor secuencia de los pasos que he de dar?
4. ¿De qué estructuras debería disponer para asegurarme un éxito constante?
5. Entonces, ¿qué debo hacer?

«Estoy quemado»: un reto a la salud

Herbert J. Freudenberger, de merecido reconocimiento, fue quien acuñó la expresión *burnout* [«estar quemado»] en 1974. Tenía fama de trabajar muchísimo, pero no se sentía quemado. Algo importante, porque estar quemado no tiene nada que ver con lo mucho que se pueda trabajar ni con estar fatigado.

Freudenberger trabajó durante un tiempo en una clínica gratuita para drogadictos de Haight-Ashbury atendida por voluntarios. Era un trabajo realmente duro, y él observaba que aquellos voluntarios, cuando se sentían desanimados, intentaban intensificar su empeño, pero sin que les diera resultado. Algunos decían que habían empezado esperando cambiar ciertas cosas, pero se daban cuenta de que, con el paso del tiempo, cada vez era menos lo que conseguían.

Lo que Freudenberger observaba era una mezcla de agotamiento, desengaño y sensación de ineficacia. Esta mezcla es la esencia del estar quemado.

En la PNL trabajamos mucho en lo que se conoce como «umbrales». Algunos umbrales son positivos: se te consolida la confianza, y en un determinado momento tienes la valentía de asumir un riesgo, y ya nunca retrocedes. Otros umbrales son negativos: cuando oyes que alguien dice: «Ya no puedo más», probablemente signifique que ha traspasado un umbral.

Entender el estado de «quemado» como un umbral puede ser de mucha utilidad. Comprender que uno ha pasado un umbral y saber cómo volver atrás puede marcar toda una diferencia para lo que venga después.

Cuando pido a las personas que piensen en lo que se exigen hacer, lo habitual es que se puedan dividir en tres categorías: las cosas que les gusta hacer, las cosas que realmente no les gusta hacer y las cosas que tanto les da. Las que les gusta hacer suelen ser «nutritivas» y vigorizantes y las que no les gusta hacer suelen ser agotadoras y extenuantes.

Piensa en un día, una semana o un mes cualquiera, clasifica entre estas tres categorías lo que hayas hecho, y rápidamente podrás determinar cómo te van las cosas. Observo que suele ser útil que mis clientes lo anoten en tres columnas: agotadoras, neutras y revitalizadoras, y así ven claramente el balance actual. Quizá te apetezca hacerlo a ti también.

Imagina que el 75 por ciento de lo que haces en el trabajo aparece a la izquierda de lo neutral. Si la situación no cambia, parecería la receta perfecta para llegar a quemarse. Pero imagina que, al mismo tiempo, el 75 por ciento de lo que ocurre con la persona o las personas que más te importan está a la derecha de lo neutral, por lo que esto es bastante revitalizador. Podrías tolerar perfectamente el trabajo gracias a lo que ocurre fuera de él. De modo que un equilibrio de los diferentes intereses podría ser bueno para tu salud y facilitarte su cuidado. Sin embargo, de nada sirve para resolver lo malo que te ocurre en el trabajo.

Pero ¿qué ocurre si lo has invertido todo en ese ámbito concreto? No hay donde refugiarse. Si el 75 por ciento es agotador, lo vas a experimentar con toda su agudeza. Y probablemente corras mayor riesgo de traspasar el umbral y quemarte.

Cuando una persona llega a quemarse, suele mostrar algunos de los síntomas siguientes. Se siente agotada físicamente y sin fuerzas; emocionalmente exhausta, frustrada e inestable; más susceptible a las infecciones debido a un debilitado sistema inmunitario; menos activa en las relaciones personales, porque piensa que no le queda nada que ofrecer; y cada vez más pesimista, porque no ve la forma de mejorar su situación.

Muchas personas quemadas con las que he trabajado se han acostumbrado a un modo de vida que se diría de segunda clase. Algunas, para escapar de su infierno, intentan hacer cambios exteriores en su vida: dejan el trabajo o rompen una relación. Otras emigran. Son actos potencialmente muy liberadores. Sin embargo, si no se hacen cambios interiores, existe el peligro real de que aparezcan de nuevo los mismos problemas. Y esto puede afectar tanto a la sensación general de bienestar como a la salud física.

Y ahora la buena noticia: el estado de persona «quemada» es reversible

En cierto sentido, la sensación de estar quemado es una simple realimentación que tú mismo te proporcionas. Te dice que las cosas están desequilibradas, que en alguna parte de tu vida —o tal vez en demasiadas— no hay suficientes cosas que te satisfagan, te den vigor y sean significativas para ti. Lo puedes cambiar. Y puedes empezar a hacerlo hoy mismo.

EJERCICIO: **El equilibrio: antídoto contra «estar quemado»**

Paso 1: Evalúa lo que haces y cómo afecta a tus fuerzas
Observa si cada una de las actividades es agotadora, neutral o revitalizadora. Si no siempre es posible hacerlo, piensa cómo puedes minimizar el efecto que producen en ti, tal vez haciéndolas con menos frecuencia, de otra forma, o junto con otras personas.

Paso 2: Equilibra mejor tu vida
Supongamos que has estado metido en el trabajo de forma casi exclusiva. ¿Qué necesitas hacer para nutrir tu vida social, emocional y espiritual? ¿Es posible que debas atender las necesidades de tu salud y forma física? Al invertir más energía en ámbitos de tu vida que quizá tengas abandonadas, te revitalizas y reequilibras.

Paso 3: Introduce los cambios con progresiva intensidad
Muchas veces las personas quieren una versión novelesca del cambio: quedar libres de la noche a la mañana. La realidad es que si empiezas por hacer pequeños cambios en el sentido de una actividad más vigorizante y revitalizadora, y te mantienes en este proceso, poco a poco producirás un cambio enorme en tu experiencia de sentirte vivo.

Crear un futuro cautivador

Primero, convéncete de que tienes futuro

Hace muchos años, me pidieron que trabajara con unas personas seropositivas. En aquel tiempo, el VIH se consideraba poco menos que una pena de muerte. Lo que me asombraba era que se pudiera dividir a aquellos pacientes en dos grupos: los que hacían planes para el futuro y los que parecía que no tuvieran ningún sentido del futuro. Con los últimos, era como si ya se hubiesen dado por acabados. Mi reacción fue preguntarles qué podría activarles una nueva conciencia de que su futuro no estaba concluido, de que el futuro existía.

Tomé nota de una de aquellas conversaciones:

Ian:	Entonces, ¿estarás muerto esta tarde?
Paciente:	¡No!
Ian:	¿Estarás por aquí mañana a la hora del desayuno?
Paciente:	¡Claro!
Ian:	¿Y pasado mañana?
Paciente:	¡Sí, claro!
Ian:	¿Y la semana que viene a esta hora?
Paciente:	¡Seguro que sí!

De esta forma, empezamos a ver el futuro inmediato de aquel paciente como algo real que sabía que se iba a producir. Evidentemente, de una semana se puede pasar a un mes, de un mes a un año, etc. Siempre que trabajaba así, ocurría algo extraordinario. En el momento en que la persona imaginaba algún posible futuro, empezaba a sentirse más viva y a actuar con mayor decisión. Además, se mostraba más dispuesta a hacer planes de futuro. Y enseguida pasaba a considerar qué deseaba hacer en el tiempo que le pudiera quedar, fuera mucho o poco.

Cuando la persona cree que no tiene futuro, pierde la esperanza. Y también lo contrario: cuando se pierde la esperanza, se acaba con el futuro.

Cuando la persona pierde la esperanza, deja de creer que pueda alcanzar cualquier objetivo que se proponga sobre su salud. Tuve una clienta que, cuando nos conocimos, llevaba ya cinco años de intenso dolor. Llegó a pensar que nada podía hacer que las cosas cambiaran. Y así, cuando en el transcurso de nuestra sesión tuvo una experiencia de cese completo del dolor, al principio no podía creer lo que estaba ocurriendo, y luego dijo algo muy interesante: «No me atrevo a pensar que esto pueda seguir. No podría soportar la desilusión si se acabara». De manera que, incluso cuando estaba experimentando lo que quería, tenía miedo de perderlo. Por esto fue útil crearle repetidas experiencias de lo que era posible, para que pudiera atreverse a creer de nuevo en un futuro nuevo, y sin dolor. De este modo, conseguimos que tuviera esperanza en el futuro.

Segundo, convéncete de que tienes un buen futuro

En su libro *La curación espontánea,* el médico estadounidense Andrew Weil cuenta el caso de una paciente finlandesa que, aún con movilidad y después de muchos análisis, tuvo una entrevista con el jefe de neurología. Éste le dijo que padecía esclerosis múltiple. A continuación, el médico salió de su despacho, regresó con una silla de ruedas y se la dio a la mujer para que se sentara en ella. La paciente protestó y preguntó por qué se tenía que sentar en una silla de ruedas. ¿Qué dijo el médico? Que se comprara una y se sentara en ella una hora al día, para practicar para cuando estuviera completamente discapacitada. El neurólogo intentaba prepararla para un futuro que él consideraba inevitable. Ella, en cambio, no pensó que tal propuesta le fuera a ser muy útil.

Por definición, el futuro no ha llegado aún. En cuestiones de salud, tal realidad nos puede favorecer o perjudicar. Favorecer, porque hay tiempo para prepararse y hacer cualquier cambio que sea necesario; perjudicar, porque nos podemos engañar a nosotros mismos y pensar que, aunque estemos haciendo algo que no nos convenga, no parece que vaya a repercutir de inmediato y negativamente en nuestra salud, así que ¿por qué preocuparse?

Hace algunos años, en el Reino Unido se emitía una interesante serie de televisión llamada *Turn Back Your Body Clock* [Atrasa el reloj de tu cuerpo]. La doctora Una Coales mostraba gráficamente a diversas personas el aspecto que tendrían sus órganos si seguían comiendo, bebiendo o fumando tal como lo hacían en aquellos momentos. Sin excepción, aquellas representaciones gráficas de lo que los participantes en el programa se hacían a sí mismos tenían un profundo impacto. Muchas veces las personas rompían a llorar y decían cosas como: «Es que no me daba cuenta». ¿Era verdad? Tal vez sí, o tal vez no. Pero lo que marcaba la diferencia era que las imágenes de repente dejaban muy claro que el modo actual de comportarse tendría consecuencias futuras. De esta forma, la doctora Coales les creaba a sus pacientes un futuro del que querían huir. ¿Te serviría que tú, o tu médico, hicierais algo parecido?

En cualquier caso, también te será muy útil que sepas crearte un futuro seductor hacia el que quieras dirigir tus pasos. Lo que es atractivo, por definición te atrae. Esto es lo que quieres que haga tu futuro estado de buena salud, tu futura versión sana de ti mismo: que te atraiga para que así empieces a modificar tu salud.

EJERCICIO: **Créate tu futuro cautivador**

Este ejercicio emplea las submodalidades para hacer tu futuro extraordinariamente atractivo.

1. Crea una representación visual de un tú futuro: radiante de salud.
2. Conviértela en película y amplíala, dale mucha luz y color, enfócala bien y añádele sonido.
3. Entra en la película y observa qué se siente al ser así.
4. Ahora mueve la película que tienes delante todo lo que puedas hacia tu derecha. (Si eres zurdo y moverla a la derecha te resulta incómodo, intenta moverla hacia tu izquierda.) Prueba con distintas posiciones y distancias, hasta que des con las que más te atraigan. (Quizá sea la propia película la que te lleve hacia ella.) Y párala.
5. Proyéctate la película al menos una vez a la semana. Un cliente se la proyecta todas las noches antes de acostarse. Deja que pase y que con el tiempo mejore.

Tu salud es tu riqueza

En los últimos veinte años, he participado en numerosas iniciativas internacionales de formación con colegas de todo el mundo. He tenido la suerte de que casi todas hayan sido un éxito, pero lo sorprendente es que los cursos que siempre costó más de promocionar fueran los programas de salud. Creo que la razón es que muchas personas sólo se interesan por su salud cuando algo va mal.

No es ningún secreto que tomar mucha comida basura, no hacer ejercicio físico y fumar es una magnífica forma de acelerar el ciclo de vida de los seres humanos para llegar antes a su final. Quiero que te sientas seguro de tu salud y de la capacidad de tu cuerpo para curarse: es asombroso el cuidado que tu cuerpo pone en lo que le atañe sin que tú sepas siquiera qué está ocurriendo. Pero no debes caer en la complacencia y pensar que nada hay que tú puedas hacer. Los ejercicios de forjarse una buena salud de este capítulo te producirán muchos beneficios. Un último consejo: recuerda, por favor, las sabias palabras de un herbolario chino que conozco: «Lo mejor que cualquiera puede hacer para mejorar su salud es mejorar su felicidad».

* * *

Conviene que nos ocupemos de la salud y la riqueza en el mismo capítulo, porque una y otra se solapan en muchísimos sentidos. Excepto uno, todos los ejercicios que acabamos de hacer para la salud se pueden utilizar con la misma eficacia en lo que se refiere a la riqueza. Así, en cierto sentido, tenemos ya gran parte del terreno cartografiado y listo para que lo exploremos. Sin embargo, como te dirá cualquiera que haya sufrido algún problema de salud —y la pérdida de bienestar que conlleva—, tu salud *es*, en un sentido muy real, tu riqueza.

Tú eres tu mejor patrimonio

Lo realmente importante de la riqueza es que tiene muy poco que ver con el dinero que tengas en el banco y mucho con lo sano que te sientas, lo cual significa, naturalmente, que es algo subjetivo. Puede que tengas millones en el banco —y algunos de mis clientes los tenían—, sin que por ello te sientas rico. Porque lo que define realmente la riqueza sois tú y la idea que tengas de cuánto es lo que te basta. Tu riqueza es completamente relativa, y depende de tus aspiraciones y de lo que necesites hacer para hacerlas realidad.

A partir de finales de 2008, la confianza colectiva en el sistema bancario cayó en picado mientras la gente veía que se le esfumaban sus bienes y activos, y le embargaba un sentimiento de ira e impotencia. La auténtica confianza es la capacidad de sentirse bien con uno mismo, sin que importe el nivel de ingresos que pueda tener o no. Por grande que sea tu patrimonio económico, nunca será suficiente si no lo es el valor que te asignes, tu autovaloración. En otras palabras, la autovaloración es el mejor patrimonio, siempre.

Si tienes un sólido sentido del yo, puedes superar con mayor confianza los altibajos de la vida, y los superarás, incluidos los problemas económicos. Tener más dinero puede hacer que tengas más confianza temporalmente, pero es como un rumor falso, porque conseguir más dinero nunca puede hacer que tengas una seguridad *sostenible* en ti mismo. De hecho, si empleas el dinero en aumentar tu confianza, te comportas de forma muy peligrosa. El dinero siempre puede desaparecer, por lo que si has hecho de él lo único que hace que te sientas valioso, te dejará con un sentimiento de gran vulnerabilidad. Como Frank Wheeler dice sobre las circunstancias de su propia vida en su libro *Revolutionary Road* [El camino revolucionario]: «El auténtico control de inventario es saber lo que se tiene, saber qué se necesita y saber de qué se puede prescindir».

Como ocurre con la salud, lo más rentable es actuar con sentido de futuro. Desarrollar tu coeficiente intelectual económico te va a dar mayores aptitudes, con lo que te sentirás más seguro de ti mismo. De lo contrario, aunque te toque la lotería no vas a aumentar necesariamente tu confianza. Ser rico no significa que ya no puedas malbaratarlo todo. Michael Jackson es un triste ejemplo. Ahí tienes a un millonario que vivía como un billonario. ¿Resultado? Interminables líos económicos. Así que vamos a ver qué puedes hacer que te permita fortalecer tu confianza y hacerte con un patrimonio.

EJERCICIO: **Tus creencias sobre la riqueza**

Como en el caso de la salud, las creencias que tengas sobre la riqueza van a producir un profundo impacto en tu forma de comportarte y en lo que creas que pueda ser posible. ¿Cuáles son, pues, las tuyas? Para empezar, aquí tienes algunas de las mías. Puedes estar de acuerdo o no, pero siempre te podrán servir de referencia.

1. Lo que hago ahora —y lo que dejo de hacer— afectará a mi riqueza en el futuro. Si quiero una riqueza futura, debo hacer hoy las inversiones que para ello sean necesarias.
2. Para sentirse bien, es fundamental una adecuada cantidad de dinero líquido, más incluso que la acumulación de capital.
3. No hay asesor que tenga todas las respuestas.
4. La riqueza es una cuestión subjetiva. Sólo yo puedo decidir lo que significa para mí.
5. Con una buena información y una actitud que tome la iniciativa, siempre podré ocuparme de lo que pase y mejorarlo.

¿Qué crees en general sobre la riqueza? Piénsalo durante unos días, y luego completa la lista que sigue. A continuación, pregúntate si estas creencias te son beneficiosas o si debes cambiarlas. Si las has de cambiar, puedes empezar con el Modelo ABC (página 86). Busca ejemplos opuestos que muestren que también son posibles otras alternativas.

1. ....
2. ....
3. ....
4. ....
5. ....

Prestar atención a la realimentación

Debes averiguar en qué situación económica te encuentras para así poder actuar. El desconocimiento no hace sino agudizar la ansiedad. A más de la mitad de las personas que conozco les preocupan sus finanzas y su futuro económico, pero no están seguras de qué les conviene hacer. Una planificación económica básica da fuerzas. Si te sirve, pide a algún especialista que te priorice tus objetivos económicos; ¡lo que ignoras *puede* hacerte daño!

Necesitas cierta información básica

Determina cuáles son tus ingresos netos mensuales y anuales y cuáles tus deudas, incluidos los préstamos del coche y los pagos realizados con tarjeta.

¿Adónde va a parar el dinero?

Haz una lista de tus principales gastos mensuales: por ejemplo, la hipoteca, los pagos del coche, las tarjetas de crédito, los seguros, la comida, los viajes, los gastos de infraestructura.

Si no estás seguro, ten la valentía de preguntar

Pregunta a tus acreedores por tu estado de cuentas. Recurre a un especialista si consideras que te puede ayudar a estar bien informado sobre ellas.

EJERCICIO: **Los bucles de realimentación de tu riqueza**

Aquí tienes algunas preguntas que te ayudarán a atender a tu propia realimentación:

La realimentación interna

- ¿Prestas atención a cómo te sientes emocionalmente sobre el estado actual de tus asuntos económicos y haces un seguimiento de ese sentimiento?
- ¿Qué haces con esta información emocional?
- ¿Cuáles son tus puntos débiles?
- ¿Qué puedes hacer en el ámbito económico que te haga sentir bien?

La realimentación externa

- ¿Atiendes a la información económica —es decir, te realimentas de ella— que te llega en forma de extractos bancarios, facturas, etc., y le haces un seguimiento?

El poder de la estructura

Si te quieres asegurar de que te salga bien cualquier cambio que hagas para asentar tu riqueza, necesitarás crear unas estructuras en que te puedas apoyar. Las estructuras que funcionan aseguran invariablemente que cualquier conducta o régimen pueda ser *regular, sistemático* y *activo*. Y esto debe aplicarse a lo que ganes, lo que ahorres y lo que puedas gastar.

Las rutinas son un ejemplo claro de esta estructura de apoyo. Si, por ejemplo, ajustas los gastos para que se correspondan con los ingresos, y ahorras de forma regular, y si este ahorro realmente se produce *antes* de que empieces a gastar, con el tiempo irás acumulando dinero, con toda seguridad. Nunca subestimes el poder del ahorro sistemático. Si quieres profundizar en esta idea, lee *The Millionaire Next Door,* de Thomas Stanley y William Danko.

Así pues, ¿qué estructuras necesitas *tú* para lograrlo? Si no las tienes y no puedes apoyarte en ellas, tienes todas las probabilidades de fracasar.

EJERCICIO: **Dispón tus estructuras**

Hazte las siguientes preguntas:

1. ¿Qué ha de ocurrir para que los cambios necesarios se puedan fragmentar en porciones manejables?
2. ¿Qué tamaño deberían tener estas porciones para que las pudiera manejar?
3. ¿Cuál es la mejor secuencia de los pasos que he de seguir?
4. ¿De qué estructuras debería disponer para asegurarme un éxito sistemático?
5. Entonces, ¿qué debo hacer?

Si te quieres labrar un futuro más seductor —y con dinero—, puedes repetir el ejercicio «Créate tu futuro cautivador» (página 155). Esta vez visualízate en un futuro sano *y* rico.

Tienes dinero y salud: ¡celébralo!

Muchas personas ni siquiera reconocen, y mucho menos celebran, sus propios triunfos, y deberían hacerlo, porque buscar el momento y la forma de hacerlo es uno de los mejores ejercicios de construcción de la confianza que conozco.

Muchas veces les digo a mis clientes que se trata de un ejercicio de descanso, como si uno dejara de hacer lo que está haciendo para pulsar el botón de la máquina de refrescos de lo que ha sido su vida hasta la actualidad. ¿Cuántas veces te paras para celebrar que te encuentras donde hoy estás, cómo has llegado hasta aquí y todos los triunfos que hayas cosechado en el camino? ¿Tienes espacio en tu vida donde lo puedas hacer, o estás tan atareado, yendo de una cosa a otra, que cuando te paras para darte un respiro ya se te ha ido otro año?

Celebrar los buenos tiempos hace que nos fijemos en lo que nos va bien en la vida, y este conocimiento es una vía rápida por la que llegar a una mayor confianza y mantenerla, de un capítulo de nuestra vida al siguiente. Descubrir lo que es importante para nosotros —aquello que nos importa lo suficiente para que lo celebremos— también nos ayuda a analizar qué es importante y por qué.

Aquí tienes unas preguntas para empezar:

- ¿Qué puedes celebrar de lo que hoy, en este mismo momento, te esté ocurriendo?
- ¿Qué cosas *nuevas* has hecho en el último año?
- ¿Qué cosas *excepcionales* has hecho en el último año?
- ¿Qué has hecho en el último año que hoy puedas celebrar?

Si quieres hacerte una mejor idea sobre todo esto, pregunta a tus amigos. Diles que estás actualizando tu Currículum de la Confianza. Tus amigos destacarán tus dotes y aptitudes excepcionales porque las ven mejor que tú. Quizá te dé vergüenza preguntarles, pero verás que sus respuestas te darán seguridad en ti mismo, ¡y al final te darás cuenta de que tienes mucho que celebrar!

TERCERA PARTE

VIVIR CON CONFIANZA

8

Qué hacer cuando te abandona la confianza

Cuando todo va como uno quiere, es fácil sentirse bien. Pero si quieres vivir seguro de ti mismo, necesitarás saber cómo manejarte cuando la confianza esté amenazada.

Estas amenazas pueden revestir diversas formas, pero una en que las personas no suelen pensar es simplemente el paso del tiempo. Todo el que quiera vivir con confianza debe pensar: ¿cómo puedo avanzar por las diferentes fases de mi vida sintiéndome siempre igual de seguro de mí mismo? En teoría, puedes tener cuarenta, cincuenta o sesenta años; los que quieras. Pero he trabajado con bastantes clientes que, al ir haciéndose mayores, han experimentado una pérdida de confianza, porque tienen la sensación de que se los relega y deja de lado. Aun en el caso de que estés seguro de ti mismo, los cambios exteriores te pueden pasar factura. Tuve un cliente de mucho éxito que cuando iba a cumplir los sesenta años empezó a recibir cartas sobre su pensión y la reducción del cupo de gasóleo para el invierno y él decía indignado: «Lo último que necesito son descuentos en el transporte público».

Cualesquiera que sean las circunstancias exteriores, prevenir un poco es curar un mucho, por lo que quiero que sepas reconocer enseguida los signos de pérdida de confianza. A continuación, podremos analizar estrategias con las que la persona pueda hacer algo al respecto.

La pérdida de confianza: ¿terremoto o erosión?

Dos son las principales formas de pérdida de confianza. La primera, y más evidente, es la que yo llamo un *terremoto*. Una impresión fuerte, un cambio y normalmente algo que sentimos que no podemos controlar producen una pérdida súbita de confianza, que desencadena sentimientos de desorientación y desconcierto. Implica una pérdida, de ahí que se suela sentir como un trauma. Éste puede ser producido, por ejemplo, por la pérdida del empleo (te despiden del trabajo), la pérdida de un rol (los hijos se van de casa y la madre se siente como en un nido vacío), la pérdida de una relación (tu pareja tiene un romance con otra persona, o te deja). Esto significa que puede resultar muy doloroso no sólo para la persona que vive estas situaciones, sino también para las que se preocupan por ella y se sienten impotentes para ayudarla.

La otra posible forma, más sutil, de pérdida de seguridad en nosotros mismos es a través de un lento desgaste, lo que yo llamo *erosión*. Una pérdida lenta y prolongada de confianza es como el grifo que gotea, que, si no se repara, puede llenar la pila de agua, desbordarse y provocar una inundación. Cuando así ocurre, es posible que al principio no seas plenamente consciente de que algo de tu vida no va tan bien como iba. Luego te das cuenta de que continúa sin mejorar, y finalmente, de que se va deteriorando, aunque muy despacio. Puede ser cualquier cosa —las perspectivas en el trabajo, el negocio, la salud, la relación con tu pareja—, pero no tienes ni idea de qué te conviene hacer. Poco a poco te resignas, con lo que tu confianza se deteriora aún más.

No he conocido aún a ninguna persona que no haya tenido una de estas experiencias en algún momento de su vida. Sea un terremoto o una erosión, la pérdida de confianza tiene algunos signos que la anuncian. Lo más habitual:

- Dejas de sentirte seguro de que puedes conseguir que las cosas vayan como deseas.
- Dejas de sentirte seguro de que puedes meditar bien las cosas.
- Dejas de sentirte seguro de que puedes hacer que las circunstancias cambien.
- Dejas de tener confianza en tu futuro.
- Dejas de sentirte seguro de ti mismo.
- Dejas de sentirte seguro sobre las personas en las que puedes confiar y que pueden ayudarte.

En su grado más extremo, una pérdida grave de confianza hace que la persona se retraiga y adopte conductas propias casi de eremita. No es extraño que en estas circunstancias irrumpa la depresión

En un estado así, es difícil mantener el sentido de la orientación (*sé adónde voy)* o la esperanza *(sé que se pueden hacer muchas cosas)*. Se produce una pérdida de un propósito definido y de un sentimiento optimista de lo que es posible. A veces, la persona deja de valorarse a sí misma y se lanza a un interminable diálogo interior de autocastigo. No es de extrañar que el resultado sea una pérdida de cualquier alegría de vivir. Si en algún momento has vivido esta experiencia, con mayor o menor intensidad, sabrás que puede ser funesta. Pero, como les digo a mis clientes que se encuentran en esta situación, por muy triste y deprimido que te sientas, recuerda que, aunque tal vez no puedas cambiar lo que te hizo añicos la confianza, *siempre* puedes hacer algo en tu forma de abordar tu situación.

EJERCICIO: **Convertir los contratiempos en avances**

Es algo que puedes hacer en cualquier momento de la vida para verla desde una perspectiva distinta. Para muchas personas, es una forma fácil y sorprendentemente efectiva de aprender de la experiencia y de darse cuenta de cuál es en realidad su situación actual.

Piensa en algún momento concreto en que te encontraras con alguna adversidad que te supusiera todo un reto. De un modo u otro, la superaste. Puede ser cualquier cosa, desde una crisis familiar a un fracaso en los negocios. Escribe una carta a alguien en quien confíes y cuéntale sinceramente lo ocurrido, cómo hizo que te sintieras en su momento y cómo te sientes ahora. No vas a mandar la carta, nunca. Simplemente vas a hacer un balance de la situación una vez solucionado todo y pondrás sobre papel tus sentimientos y pensamientos, y se lo contarás a una persona en quien confías porque así te puedes sincerar.

Antes de ponerte a escribir, hazte las siguientes preguntas:

- ¿Qué papel desempeñaste tú en aquella crisis o aquel fracaso?
- ¿Qué efecto produjeron en tu forma de afrontar las cosas las personas de las que te rodeabas?
- ¿Cómo afectaron éstas a tu confianza antes y después de la crisis?
- ¿De qué clase de personas te rodeas ahora?
- ¿Cómo afectan a tu confianza?
- Superaste la crisis o el fracaso. ¿Cómo te sientes por el hecho de que lo hicieras?

- ¿En qué medida afecta a tu confianza este conocimiento a medida que vas saliendo adelante?

Una vez escrita la carta, léetela en voz alta y observa el camino que has recorrido desde el inicio de la crisis, pasando por su resolución y llegando al estado en que hoy se encuentra la seguridad en ti mismo. Cuando miras atrás, ¿qué crees que te sirvió para ganar mayor confianza?

A veces, uno sólo puede avanzar cuando ha terminado con todas las rutinas anteriores. Y ahora quiero enseñarte a hacerlo.

Primer reto a la confianza: la incertidumbre

La crisis económica que se inició en 2008 abocó a muchas personas a unos tiempos muy duros. Algunas se quedaron sin trabajo, algunas incluso sin casa. Las relaciones se resintieron, y hubo quien llegó a un punto sin retorno. Y mucha gente perdió muchísimas horas de sueño.

Sin embargo, hay que decir también que la mayoría de las personas siguen teniendo un empleo, una casa y unas relaciones. Así que se podría decir: ¿a qué viene tanto alboroto? Pero creo que sólo lo podría decir alguien de otro planeta. El problema era que las personas sentían masivamente un mayor nivel de incertidumbre. Una de las cosas que sabemos sobre nosotros mismos, los seres humanos, es que nos produce mayor estrés no saber cómo van a ir las cosas que saber que van a ir mal.

Hace unos años, el Puente Interestatal 35W de Mineápolis se desmoronó. Dorothy Svendson fue una de las muchas personas que no sabían qué les había ocurrido a sus familiares, en su caso, a su hijo, que se hallaba trabajando en el puente. Como ella decía: «Lo que te consume es no saber». Lo mismo ocurre incluso cuando no se trata de una situación en que pueda peligrar la vida. Es lo que me decía un cliente: «Una de las peores cosas de vivir con el síndrome de intestino irritable es no saber qué es lo que desencadena los brotes de la enfermedad».

Como señalaba en un interesante blog Daniel Gilbert, profesor de Psicología de Harvard, los estudios más recientes subrayan lo mucho que la incertidumbre puede debilitar y angustiar. En un experimento realizado en la Universidad de Maastricht, a los sujetos se les aplicaron veinte descargas eléctricas. Unos sabían que recibirían veinte descargas intensas; otros que habría diecisiete descargas suaves y únicamente tres intensas, pero no el orden en que se las iban a aplicar. ¿Quiénes salieron más airosos de la situación? Los que sabían que iban a recibir veinte descargas intensas se prepararon y dispusieron para lo que les iba a ocurrir. Al otro grupo le fue mucho más difícil. A juzgar por los indicadores estándares de miedo, como el sudor y el ritmo cardíaco, fue el segundo grupo el que registró unos niveles superiores de miedo. De modo que sufrieron menos incomodidad física, pero en realidad estaban más angustiados.[7]

Y no se trata de un estudio aislado. Para poner otro ejemplo, investigadores de la Universidad de Columbia Británica estudiaron a diversas personas en situación de riesgo de sufrir la enfermedad de Huntington. Al cabo de un año de realizarles los análisis pertinentes, quienes habían sido informados de que tenían muchas probabilidades de desarrollar la enfermedad mostraban mayor capacidad, pese a todo, de estar alegres que aquellos a quienes no se les había dicho nada del peligro que corrían, sino que se los dejó en la duda.

¿Qué incidencia práctica tiene, pues, todo esto en nuestro estado general de confianza? Deja que te lo diga así: ¿cómo te sentirías si, como le ocurría a uno de mis pacientes, no supieras si vas a conservar el empleo, si podrás pagar la hipoteca, si tu pareja mantiene una relación con otra persona o si el estrés que sientes pone en peligro tu salud a largo plazo? Algunas personas pueden tolerar niveles bastante altos de incertidumbre; el umbral de otras es mucho más bajo. En cualquier caso, lo importante es reconocer que la incertidumbre puede ser un factor de gran incidencia, y que ese estrés puede afectar tanto a la seguridad en uno mismo como, a la larga, incluso a la salud.

Hace poco, estaba ejerciendo el coaching con una pareja que estaban pasando por malos momentos. Estuvimos reunidos una hora. Al principio los dos estaban tensos, y ella estuvo a punto de llorar varias veces. Estaba alterada porque su hija se iba a comprometer en verano y quería que la familia lo celebrara con la correspondiente fiesta. Pero también estaba próximo el veintiún cumpleaños de su hijo. La mujer tenía miedo de que, si se comprometía a celebrar las dos fiestas que tanta ilusión le hacían, su marido pusiera el grito en el cielo por el gasto que supondrían. Su negocio de alquiler de coches ya se resentía de la recesión; no tenía ni idea de a cuánto ascenderían ambos presupuestos, por esto la angustiaba pensar que no los pudiera cubrir.

Aquella pareja, y sus familiares, padecían un elevado nivel de estrés debido a la incertidumbre y la falta de claridad. La consecuencia era el enfrentamiento en que vivían. Casi ya al concluir la sesión habíamos acordado un presupuesto razonable para que la mujer pudiera celebrar las dos fiestas de sus hijos, y que el marido convino en que se lo podía permitir; la mujer sonreía, el marido se sentía aliviado porque sabía que podía pagar las dos fiestas, y se abrazaron. Al disipar la incertidumbre, desaparecieron el estrés y el enfrentamiento. Ahora compartían ambos un mismo objetivo, y de nuevo los dos iban a esforzarse para poder alcanzarlo. La incertidumbre había generado miedo y ansiedad, unos sentimientos muy fuertes que pueden ocultar, y hasta erosionar, el amor. Al final de nuestra sesión de coaching, la pareja podía sentir de nuevo la ternura y el amor que mutuamente se tenían.

EJERCICIO: **Controlar la incertidumbre**

¿En qué grado de incertidumbre vivís tú y las personas que más te importan?

Toma papel y bolígrafo y escribe las respuestas a las siguientes preguntas:

1. ¿Cuánto hace que vives con esta incertidumbre?
2. ¿Cuánto tiempo puedes seguir aguantándola?
3. ¿Ves que se pueda terminar en algún momento?
4. ¿Qué es lo que te hace sentir estable y firmemente asentado?
5. ¿Qué necesitas hacer para contar con más de estas cosas en estos momentos?
6. ¿Quién te puede ayudar a conseguirlas?
7. ¿Cuál es, pues, el paso siguiente?

Segundo reto a la confianza: la preocupación y la ansiedad

La mayoría de las personas han vivido momentos de gran convulsión. Sin embargo, gran parte de la perturbación que experimentan en esos momentos está en el interior y se manifiesta en forma de preocupación y ansiedad.

La preocupación es darle vueltas, una y otra vez, a lo mismo, muchas veces cuando uno se encuentra en horas bajas. La ansiedad son las emociones y los sentimientos físicos que uno experimenta. Una y otra pueden ser de gran utilidad si hacen que te fijes mejor en lo que ocurre, te estimulan a prepararte para el futuro y a explorar nuevas aventuras y te motivan para la acción. Así que ambas tienen su lugar; pero las dos se pueden descontrolar.

Cuando te preocupas, sueles crear un relato: la historia que nos contamos es la que genera los sentimientos. A veces es una historia realista. Pero lo más frecuente es que no lo sea; de ahí la observación de Mark Twain: «Me he visto en graves problemas, pero la mayoría de ellos nunca existieron».

La preocupación suele seguir un patrón, en la forma de iniciarse y en su contenido, y merece la pena que sepas cuál es tu patrón. Pregúntate:

- ¿De dónde nacen tus preocupaciones?
- ¿Qué historias son las que te repites una y otra vez?
- ¿Cuáles son los temas recurrentes?
- ¿Qué hace que cambies y dejes de preocuparte?

La ansiedad es una intensa experiencia cinestésica, y cada persona la experimenta de forma distinta. Siempre siento interés por cómo lo hacen mis clientes. Uno la somatiza por completo en el estómago; otro, en cambio, la traduce en una aceleración del ritmo cardíaco y sudoración de las manos. En el ejercicio profesional, cuando conoces la forma en que cada uno la experimenta, es mucho más fácil recomendar las adecuadas medidas. Por ejemplo, andar y los masajes pueden ser unos antídotos de extraordinaria eficacia, pero a una persona le pueden ir mejor que a otra.

Las personas se pueden habituar a un alto nivel de desazón. Por esto siempre existe el peligro de que tanto la preocupación como la ansiedad puedan pasar de ser algo pasajero a convertirse en crónicas.

En mi caso, veo que es muy útil que mis clientes se autoevalúen en tres parámetros clave. Los impulsos a los que presto especial atención son la intensidad, la frecuencia y la duración. Esto es lo que puedes hacer:

- Mide el grado de intensidad en una escala del uno al diez.
- Repasa a menudo la frecuencia: cada hora, al día, a la semana, al mes.

- En cuanto a la duración, observa cuánto se prolonga la experiencia: minutos, horas o días.

Cuanto mayores sean la intensidad, la frecuencia y la duración, más provechoso será descubrir nuevas formas de romper lo que con tanta facilidad se puede convertir en un hábito. Merece la pena averiguarlas, en especial porque la preocupación y la ansiedad que no se abordan adecuadamente y se deja que sigan y sigan a veces pueden ser precursoras de la depresión, que es lo diametralmente opuesto a la confianza.

Sin embargo, es posible que a veces los acontecimientos nos superen, y cuando así ocurre, puede ser que no nos sintamos capaces de imponernos a los miedos que nos avasallan. En estas circunstancias, hay dos estrategias especialmente útiles. La primera, buscar algo con lo que puedas experimentar cierto grado de control o influencia, por trivial que pueda parecer. Ejercita ese control y reducirás los sentimientos de impotencia y desesperanza.

La segunda, pregúntate si estás dispuesto a experimentar el «dejarse ir» y saber que no sabes. A veces, puede ser éste el camino más liberador de todos.

Puesto que no podemos controlar el mundo, quizá podamos aprender a controlar nuestros miedos. Saber evaluar de forma realista una amenaza, dar los pasos para enfrentarse a ella y, a continuación, cambiar el estado interior para que una vez más podamos ser dueños de nuestro destino es algo extremadamente revitalizador. ¡Hace maravillas con la seguridad en uno mismo!

Siete pasos para abordar la preocupación y la ansiedad

1. Analiza la realidad. Pregúntate: ¿tiene fundamento mi preocupación? ¿Es realista? ¿Hasta qué punto tengo claro lo que me da miedo? Elabora un plan de acción.
2. Reflexiona de nuevo. Si tus pensamientos te colocan en una espiral repetitiva, busca otros pensamientos. Muchos de nuestros

pensamientos no son más que hábitos de pensamiento. Aprende a pensar otras cosas sobre lo que te preocupe, prueba de utilizar de nuevo el Modelo ABC (página 86). A veces también puede ser útil limitarse a dirigir la atención hacia otras cosas y ocuparse de otros aspectos de la vida.

3. Deja de obsesionarte. Dejar de pensar es realmente una técnica muy eficaz. Di con voz firme en tu interior —o en voz alta—: «¡Basta!» Pruébalo. Te sorprenderás de su efectividad.
4. Concéntrate en respirar plena y profundamente para contrarrestar las tendencias que invariablemente dificultan la respiración.
5. Haz ejercicio físico para quemar el exceso de adrenalina y recuperar tu estado de mayor sosiego. Basta con correr o andar a buen paso —¿o bailar?—. Procura que la actividad te sea agradable y divertida.
6. Concéntrate en los demás y en sus necesidades para no encerrarte tanto en ti mismo. Ser generoso con el tiempo de que uno dispone cuesta muy poco y puede ser un excelente antídoto contra la ansiedad.
7. Averigua qué es lo que te hace sentir bien asentado, firme y cómodo. Determina cómo puedes tener algo de esto todos los días.

Recuperar la confianza después de un accidente

Los accidentes pueden provocar un gran impacto en nuestra confianza. Mi amiga Harriet llevaba una bandeja con vasos, tropezó y se cortó una vena de la mano derecha. Tumbada en la ambulancia, conectada a la máscara de oxígeno y aterrorizada por la cantidad de sangre que brotaba de la herida abierta, no podía creer lo que había sucedido. El sanitario empezó a hablar con ella y le dijo que se había cortado en el brazo, en un sitio que a colegas que habían sufrido heridas similares —«sangrantes, las llamamos»— les inutilizó por completo la mano. Harriet era diestra, por lo que se imaginaba lo peor, especialmente cuando, al llegar al hospital, el sanitario empezó a gritar: «¡Una sangrante!» (Observa que se trata de una afirmación del nivel de la Identidad. Dada la carga emocional de esos momentos, el poder de estas palabras es probable que sea mayor aún que el usual, como Harriet descubrió más tarde.)

El corte era tan profundo que Harriet tuvo que llevar el brazo vendado dos meses. No podía conducir ni trabajar, ni siquiera escribir la lista de la compra, así que disponía de mucho tiempo para recrearse en la demoledora pérdida de seguridad en sí misma. Al principio no podía mirar nada que se pareciera a un vaso. Para beber utilizaba tazas de plástico y evitaba tocar cualquier cosa que imaginara que se le pudiera romper en la mano. Durante las dos primeras semanas, había que curarle la herida y vendarla de nuevo todos lo días. Hasta después de tres semanas no fue capaz de mirar el corte profundo e irregular de su mano. Y entonces fue cuando empezamos a trabajar juntos por teléfono, con un manos libres.

La PNL cuenta con magníficos procesos pensados para facilitar la resolución de traumas. Algunos se desarrollaron específicamente para estimular también la curación física. (Si te interesa el tema, en el apartado «Recursos» encontrarás información sobre profesionales bien formados.) Todos ellos implican conseguir cierta separación real entre la persona y el episodio traumático. En el caso de Harriet, el primer paso fue aprender a proyectarse una película del episodio para que pudiera verse a sí misma en plena experiencia, al tiempo que se mantenía fuera de ella y sin sentirse ya abrumada ni tener los sentimientos asociados con lo que le había pasado. (Nota: Harriet no negaba lo que le había ocurrido, pero ahora era capaz de recordar el suceso de forma que no la afectaba como antes.) El segundo paso fue recodificar el trauma para que pudiera poner un final nuevo al suceso. En esta versión, en realidad no había sufrido ninguna herida, porque actuaba de forma distinta para que no se produjera. Así podía crear una nueva memoria muscular de lo que podría haber sido, además de asegurarse de estar bien preparada y actuar de forma distinta si en el futuro se encontrara en circunstancias similares. Parece que hacer esto con frecuencia facilita el proceso físico de curación. Creo que la razón es que libera todo lo que el cuerpo encierra después de sufrir un trauma, algo muy parecido al músculo tenso que con el masaje se puede relajar. En consecuencia, no son raros los casos de personas que dicen que, al actuar de ese modo, sienten menos dolor u otros tipos de alivio físico.

Todo esto era fantástico. Sin embargo, cuando llegó la hora de sacarle los puntos, Harriet se puso muy nerviosa. El médico le preguntó de qué tenía miedo. «Le dije que me daba miedo que, una vez quitados los puntos, la herida se reabriera, que empezara de nuevo a brotar la sangre y que acabara por perder la mano. No quería ser una "sangrante".» Sólo después de esto recordó las palabras que el sanitario le dijo en la ambulancia y se dio cuenta de cuánto la habían afectado. No teníamos más que regresar a aquella película y asegurarnos de que incluía este importante aspecto y de que Harriet se podía distanciar también de ello.

Afortunadamente, el médico sabía muy bien cómo cuidar de los aspectos emocionales del enfermo, y dedicó todo el tiempo necesario a explicar a Harriet que la herida mostraba ya todos los signos de curación. Le dijo también que había visto muchas heridas peores que la suya que se habían curado completamente y que el equipo médico que la atendía tenía mucha experiencia. Después de reforzar la confianza de Harriet tanto en la curación como en el equipo médico, le dijo: «Tienes que confiar en nosotros y en tu capacidad de curarte».

«Fue para mí un punto de inflexión —decía después Harriet—, y cuando me sacaron los puntos, no hubo problema alguno. Por lo que dijo el médico y porque ya no era yo una "sangrante", empecé a creer de nuevo en mi cuerpo y en el futuro.» Poco a poco, comenzó a recuperar la confianza en que podía razonar de forma que la mantuviera físicamente sana.

Al reconocer que había perdido la seguridad en sí misma, pudo también reconocer que la había recuperado.

Vivir por defecto

Muchas personas viven «por defecto», es decir, viven con todo lo que les ocurre sin realmente cuestionarlo ni dar paso alguno para cambiar lo que no les gusta de su vida. Vivir por defecto significa que puedes llegar a pensar que la vida, en lugar de algo de que alegrarse y celebrarlo, es algo de lo que eres destinatario, sin más.

Así exactamente se sentía Lorna cuando se puso en contacto por primera vez con el Instituto de la Confianza. En menos de un mes, había perdido un excepcional contrato de trabajo, la había abandonado su pareja, había perdido la casa en que vivía alquilada y su beligerante hija adolescente le había dicho que era una mala madre, había hecho las maletas y se había ido a vivir con su padre. Decir que Lorna se estaba tambaleando sería una afirmación muy comedida.

Analizamos juntos qué había ocurrido exactamente para que su vida se le hubiera caído encima de forma tan espectacular. Al principio, Lorna afirmaba categóricamente que todo le había ocurrido *a ella*. Pero cuando empezamos a desmenuzar lo que había sucedido, vimos que, lejos de ser una receptora pasiva, había desempeñado un papel activo en cómo se habían desarrollado los acontecimientos.

Al presionarla para que se centrara en la pérdida de aquel tan buen contrato de trabajo, acabó por admitir que había odiado el trabajo y que, aunque la aterrorizaba que no se pudiera permitir ya nunca más aquel estilo de vida, en secreto se sentía liberada por no tener que simular más que le gustaba su trabajo. Le pregunté por qué creía que su novio había escogido casi exactamente el mismo momento para dejarla, y admitió que había empezado a dudar del compromiso de él: ¿era ella quien lo seducía o era la vida de despilfarro que ella pagaba para los dos? Explicó que en secreto pensaba que sólo podría responder a esta pregunta si abandonaba ese estilo de vida y dejaba de invertir en él tanto dinero. En cuanto a la marcha de su hija, Lorna pensaba que, al igual que su pareja, la muchacha se había acostumbrado a la buena vida y a que su madre se la pudiera procurar. Decía que con su hija viviendo bajo el mismo techo le había sido imposible razonar sensatamente, y no digamos reunir las fuerzas necesarias para realizar los cambios que debería haber hecho hacía mucho tiempo, entre ellos el de mudarse a una casa más modesta y que se pudiera permitir.

Al final, se fue a vivir al campo, cerca de donde se había criado, y encontró un trabajo con el que ganaba menos, pero que le gustaba más que el anterior por el que ingresaba dinero a raudales. Seguimos trabajando juntos por teléfono. Al vivir separadas, la relación con su hija había mejorado. El año pasado se casó con su pareja, que había vuelto para ayudarla, con lo que demostró que era ella quien le importaba, no su dinero ni aquel tren de vida. Las cosas no cambiaron de la noche a la mañana; tardó más o menos un año en serenarse y sentirse segura de nuevo.

Cuando empezó a encontrarse estable nuevamente, inició un diario en el portátil. Todos los días se lo leía y anotaba lo que creía oportuno. Antes de nuestra última sesión de coaching por teléfono, me mandó por *e-mail* lo último que había escrito en él. Es una fantástica descripción de su viaje. Aunque el contenido sea de ella, creo que el viaje que hizo es universal en muchos sentidos. Por esto le pregunté si estaba dispuesta a compartirlo contigo. Enseguida dijo que sí. Aquí lo tienes:

> Me di cuenta de que hacía muchos años y excesivo tiempo que vivía por defecto. No me gustaba el trabajo, me preocupaba qué era realmente lo que mi pareja sentía por mí y sabía que mi hija y yo habíamos caído en una relación casi de mutuo maltrato, pero no sabía qué hacer para cambiar todo aquello. Había llegado a un punto en que un día bueno era aquel en que podía llamar al trabajo para decir que me encontraba mal y tomarme una pastilla para dormir. Llegué a pensar en el suicidio, porque creía que era la única forma de acabar con todo aquello.
>
> Luego me parecía como si todas aquellas cosas malas hubieran empezado a ocurrir y que yo de algún modo olvidara que era la primera persona que había querido que cambiaran. Cuando comencé a recordarlo, me di cuenta de que dejarlo estar era mucho menos doloroso que aferrarme a todo aquello.
>
> Al despojar mi vida de tanta fruslería, empecé a ver que había algo, digamos, una esencia, que era, que es, lo que yo irreductiblemente soy. Comencé a sentirme más fuerte, más positiva. La situación seguía siendo dura, pero era como si a través de todos los traumas hubiese empezado a encontrar, y a que me gustara, una versión más real de mí misma. Caí en la cuenta de que todo aquel melodrama no había afectado a este aspecto mío, que ahí seguía, intacta. También me di cuenta de que me sentía más fuerte y segura de mí misma de un modo distinto. Cobraba mayor optimismo porque me sentía más unida a algo más fuerte que yo misma, algo en lo que ahora sé que puedo confiar. Y está en mi interior.

Por qué es importante el miedo

El miedo produce en la confianza un impacto más directo e inmediato que cualquier otro sentimiento. (Pregúntaselo a Harriet.) Pero no es en el miedo exagerado donde la mayoría nos detenemos. El miedo tiene todos los días un aspecto distinto y se manifiesta como *evitación.*

Desde el punto de vista de la PNL, el miedo no es más que una realimentación destinada a asegurar la supervivencia. Lo mismo ocurre con la evitación. Ésta, evidentemente, puede hacer que la vida sea más fácil, pero con el tiempo se puede convertir en un elemento muy limitador y acabar por hacer inviable todo tipo de cosas, porque uno carece de la seguridad en sí mismo para salir a imponerse sus propios retos. En otras palabras, permite que los miedos le venzan.

En la PNL utilizamos el miedo para obtener más información sobre un determinado tema. Si hay algo que da vueltas y vueltas en tu cabeza que haga que te despiertes a las tres de la madrugada imaginando catástrofes por doquier —y, por cierto, a las tres de la madrugada es cuando *todos* nos sentimos más vulnerables, solos y atemorizados—, permítete esta fantasía catastrofista. Pero a continuación pregúntate: *¿Es probable que ocurra?* Si la respuesta es que sí, la pregunta siguiente será: *Y si ocurriera, ¿qué haría yo?* Ahora, en lugar de lanzarte a la búsqueda de los recuerdos de aquellas altas horas de la madrugada, toma papel y lápiz y escribe cinco cosas que puedas hacer que cambiarían por completo el escenario de esas pesadillas.

Del catastrofismo a la acción

Vanessa dormía peor noche tras noche, le daba pavor que, por su edad y por los recortes impuestos por la recesión, pudiera estar a punto de perder el trabajo de ayudante de vuelo. Había llagado a tal estado que había dejado de comer y dormir bien, y su hermana me pidió que hablara con ella. Hablamos de la peor catástrofe que pudiera imaginar: qué ocurriría realmente si la despidieran, y luego le pedí que escribiera cinco cosas que pudiera hacer y que marcaran alguna diferencia. Fueron estas cinco:

1. Registrarme en una agencia de empleo ahora, antes de que me llegue el agua al cuello.
2. Reducir gastos; no necesito un sofá nuevo. Reharé el presupuesto, al que me ajustaré hasta que tenga más claro el futuro.
3. Hablar con mi jefe e informarme; quizá me esté preocupando por algo que no me va a ocurrir.
4. Pensar y evaluar qué es lo que realmente quiero hacer. Nadie con 75 años es tripulante de cabina, de modo que de todas formas debo hacerme un nuevo plan de futuro.

5. Pedir apoyo a la familia y los amigos para salir adelante en estos tiempos tan complicados.

Le expliqué que el miedo tiene su propia composición, que algunos de sus ingredientes imprescindibles son que la persona que lo siente se hable a sí misma de forma negativa y que tenga una visualización negativa del futuro. Hablamos largo y tendido de la importancia de actuar desde una posición de fuerza y autoridad, que en el caso de Vanesa significaba informarse de todos los aspectos de un posible despido, incluidos sus derechos, el impacto económico y las implicaciones emocionales. Luego le pedí que hiciera dos cosas que ya hemos practicado. Primera, pensar en personas que hubieran superado situaciones difíciles, ponerse en su piel y aprender de ellas (véase página 101). A continuación le propuse que imaginara lo que pudiera ser un futuro más positivo que derivara de su despido, luego que hiciera de ello una película, y por último que entrara en ella y viera qué tal se sentía.

Podemos elegir nuestro diálogo interior y las películas que nos proyectamos, que, a su vez, afectan a nuestra forma de reaccionar ante aquellos acontecimientos que ponen en entredicho la creencia y seguridad en nosotros mismos. Y podemos elegir, incluso cuando las cosas van mal, sacar algún provecho de la experiencia y aprender de ella. Hace años, intervine en una negociación muy difícil en nombre de una familia que estaba enfrentada a su autoridad educativa local. Después de una maratón especialmente agotadora, mi colega sugirió que fuéramos a tomarnos una copa y nos olvidáramos del asunto. Acepté la copa, pero dije que quería repasar todo lo que había ocurrido durante el día. Sorprendido, me preguntó: «¿No has tenido ya bastante?» Mi respuesta me hizo ver muchas cosas sobre mí mismo, sobre cómo aprendo y cómo me recupero. «Mira —le dije—, si tengo que sentirme así de mal, quiero sacar de ello algo de provecho.» Es una mentalidad que siempre me ha parecido extraordinariamente útil, y la mejor forma de asegurarme de que no voy a cometer el mismo error otra vez.

Hacer de la confianza una costumbre

Una de las formas más eficaces de reintroducir algo en nuestra vida, incluida la confianza, es decidir hacer de ello una costumbre regular. Los seis siguientes pasos te ayudarán a conseguirlo:

1. Para ganar confianza, haz cosas que te exijan tenerla.
2. Adopta una postura que demuestre seguridad en ti mismo: cabeza alta, andar decidido, respiración honda, mirada resuelta y hacia arriba.
3. Asegúrate de que las cosas que introduzcas en tu vida que te exijan más confianza sean cosas que puedas repetir, por ejemplo, hablar con personas nuevas todos los días. Practícalo un poco, y a continuación añade algo nuevo que puedas hacer y que sea otro pequeño avance.
4. Asegúrate de que en tu vida haya elementos que desencadenen una mayor confianza, entre ellos anclas de la confianza, pero también amigos y actividades que te den ese estímulo de forma natural.
5. Asegúrate de que estos desencadenantes sean muchos y variados; si restringes la experiencia, restringes la seguridad en ti mismo.
6. ¿No te apetece hacer una determinada cosa? Pues ¡hazla! Invierte en construirte una confianza futura.

9

El Viaje del Héroe

Originariamente, en la mitología griega, un héroe o una heroína eran semidioses. Con el tiempo, sin embargo, ocurrió algo realmente importante: las palabras *héroe* y *heroína* pasaron a utilizarse para referirse a mortales corrientes que, ante un enorme peligro o dificultad, demostraban gran coraje. Fuera que tuvieran que sacrificar lo que sabían, someter sus intereses o sacrificarse ellos mismos en aras de un bien mayor, esos hombres y mujeres eran heroicos porque se imponían a algo que los desafiaba. Estas personas corrientes no eran santos —tenían sus flaquezas y sus momentos de duda y miedo—, pero al imponerse al desafío pasaban a ser mucho más de lo que eran antes.

Homero, al narrar el viaje de Ulises [Odiseo, en griego] a Ítaca después de la guerra de Troya, pone en acción todos estos elementos. Por un lado, *La Odisea* es la historia de nuestro héroe y su viaje por mar y tierra. Por otro, es la historia de su viaje interior, que significa que, al regresar Ulises a casa, no es el hombre que salió de ella hacía todos aquellos años. Es realmente mayor y más sabio, y más humano.

También nosotros, en los negocios y demás aspectos de nuestra vida, viajamos de un sitio a otro, unas veces sin alejarnos mucho; otras, a lugares remotos. Pero si no hacemos más que esto, no sacaremos de ello grandes beneficios. Si realmente vivimos, haremos también un viaje interior que con el tiempo cambie no sólo nuestra forma de ver el mundo, sino también la persona en que nos hemos convertido.

Entender como un viaje tu vida y lo que te importa te proporciona una herramienta vital para tener mayor seguridad en ti mismo: te da una visión amplia del mundo, y te permite ver las cosas en perspectiva. Algunas personas saben hacerlo de forma natural, pero lo más frecuente es que a la persona le sea más fácil ver la imagen más grande en un área de su vida (por ejemplo, la del trabajo, la de las relaciones, etc.) que en otra.

Por esto nos ensimismamos en lo que tenemos justo enfrente de nosotros. Los acontecimientos singulares nos pueden atrapar y retener, de modo que el árbol no nos deje ver el bosque. Se trate de inconvenientes o de éxitos, el peligro es que nos afecten demasiado, por ansiedad o por entusiasmo, y perdamos la debida perspectiva de las cosas. Es un razonamiento que puedes aplicar a muchísimos ámbitos de tu vida. Las relaciones, por ejemplo: supongamos que has discutido con tu pareja. ¿Es el fin, o nada más que un accidente en el camino? De la respuesta puede depender gran parte de tu felicidad. Al preguntar a parejas que llevaban muchos años de feliz matrimonio cómo lo habían conseguido, una mujer lo resumía como una estrategia de «darle una oportunidad al tiempo». Ella y su marido contemplaban en un contexto mayor todo lo que ocurría; se trataba de una historia más extensa que la sencilla obra de teatro que se representaba cada día.[8]

Si imaginas tu vida como un viaje, ¿cómo ha sido éste hasta hoy? ¿Y qué tipo de viaje te gustaría vivir en los próximos años?

Es éste un razonamiento metafórico: así es como funciona el inconsciente. Es también la fuente de la creatividad. Por esto uno de los mayores beneficios que obtienes al analizarte de esta forma es que te haces con el control de tu propia energía creativa, la sacas a la luz del día y la pones a tu disposición. Así que en este capítulo voy a servirme del mito y de la metáfora.

La fuerza de la metáfora

En momentos difíciles, a veces se oye decir a las personas cosas como: «Mi vida es una porquería»; «Ando de capa caída»; «El nuevo trabajo es un sinvivir». Todo son metáforas. Las utilizamos continuamente, pero muchas personas no suelen darse cuenta de que lo hacen.

En griego moderno, la palabra *metaphora* tiene aún un significado literal, y también figurativo. En griego, *meta* significa «más allá de», y *pherein*, «llevar»; y en griego moderno, el adjetivo *metaphoroikos* se aplica a cualquier medio físico de transporte que le lleve a uno de un lugar a otro. En la PNL, la palabra *metáfora* se refiere a «cualquier traslación de significado» de un contexto a otro. (Técnicamente, esto significa que abarca tanto las metáforas como los símiles.)

¿Qué importancia tiene todo esto? La metáfora tiene el poder de permitirnos ver las cosas desde nuevas perspectivas e interpretarlas de muchas maneras. Nos capacita para mirar algo y decirnos: «Fíjate: es como tal cosa o tal otra». Disponer de una metáfora para tu viaje puede ser realmente útil. Te puede ayudar a entender el viaje en que te encuentres. Puede estimular al cerebro a establecer nuevas conexiones y nuevos caminos neuronales, que a su vez pueden ser como si pulsaras la tecla «refrescar» del ordenador.

Puede ser sorprendente, pero siempre que las personas quieren hablar de cosas importantes de la vida, invariablemente acaban por hacerlo mediante metáforas e historias. ¿Quieres saber cómo se originó el universo? Pues bien, la mayoría de las culturas tienen lo que se llama un mito de la creación. Hoy se podría decir que el *Big Bang* es el nuestro. ¿Quieres saber cómo vivir una vida buena? Todas las tradiciones religiosas que conozco recurren a la metáfora para plantearse las grandes preguntas, y se sirven de las parábolas y las historias. ¿Por qué? Porque las historias tienen una textura variada y extraordinariamente rica que seduce a la mente consciente e inconsciente. Todas las historias tienen muchos significados, que, en última instancia, están determinados por quien las escucha: por ti y por lo que la historia significa para ti.

Contar historias es fundamental para el ser humano. Los valores culturales y los tabúes se comunican a menudo mediante mitos, cuentos y fábulas didácticas. Todas las culturas tienen sus propias historias, que informan a sus miembros sobre qué es lo apropiado y aceptable. Los medios de transmisión de estas historias pueden ir desde las tradicionales del trovador, los libros y las obras de teatro, hasta los periódicos, las series de televisión y las películas. Incluso las noticias son en realidad historias, por esto quienes las dan hablan a menudo de «la historia del momento».

Por lo que sabemos, no ha existido nunca sociedad humana alguna que no se contara sus propias historias. Son éstas endémicas y universales, pero en nuestra cultura se entienden muy poco. El error que solemos cometer es pensar que contar historias es un entretenimiento. Éste es sólo una parte de la historia. Todo líder de grupo, por ejemplo, tiene una historia, aunque quizá se la conozca por otro nombre, como base del plan de acción.

Lo que muchas veces la gente no entiende es que las historias crean un relato coherente con el que podemos comprender nuestra experiencia, pasada, presente y futura. De ahí su importancia, y además contribuyen a darnos un sentido de identidad.

Ofrecer a las personas una visión que las seduzca e inspire es una intervención de gran fuerza y significa que se les está contando una historia. Por esto todos los líderes con visión atraen las fuerzas de sus seguidores mediante la creación de una historia en la que puedan participar. Toda historia tiene un efecto: cambia el estado de quienes la escuchan y afecta a su experiencia interior. Y así es tanto en la sala de juntas como en la cama del niño. Si quieres una prueba, basta con que observes cómo se le abren los ojos al niño cuando escucha las palabras mágicas «*Érase una vez...*» Por esto tiene sentido escoger las historias con cuidado. Si a una persona le cuentas una historia, probablemente producirás en ella más efecto que si le dieras un consejo o le argumentaras una idea. Las historias pueden afectar a cómo te veas tú mismo, a lo que sientas sobre ti y a lo que creas que te es posible. Así pues, las historias pueden tener un impacto sobre tu confianza. Por esto merece la pena preguntarse:

- ¿Qué historias te has estado contando hoy?
- ¿Qué significan para ti?
- ¿Te dan mayor confianza?

Tres procesos clave en la construcción de historias

La estructura y el significado que damos a cualquier historia concreta están determinados por tres procesos que se han analizado exhaustivamente en la PNL. Se conocen como «eliminación», «distorsión» y «generalización». Para saber a qué nos comprometemos con cualquier historia particular, nos conviene observar lo que hayamos decidido eliminar, generalizar o distorsionar. Así que vamos a analizar estos tres procesos para ver que, con sólo iniciarlos, podemos dar más sentido a nuestra vida y ganar confianza en nosotros mismos. Los tres pueden actuar a favor o en contra de nosotros. En cualquier caso, se producirán, por lo que es una idea inteligente ponerse a estudiar cómo podemos utilizarlos para construir confianza.

La eliminación

Todos tenemos una historia y una historia personal, pero la verdad es que esta historia habrá experimentado muchísimos cortes. No tenemos más remedio que eliminar una gran parte de nuestra experiencia; ¿te imaginas el despilfarro y el agotamiento que supondría pretender recordar todas y cada una de las veces que te has cepillado los dientes a lo largo de tu vida, y la secuencia de acontecimientos que rodean a esta sola actividad? Tu cerebro y, por consiguiente, tú mismo os veríais superados.

Cuando empieces a observar lo que estás eliminando de la historia que te formas, comenzarás a ver que siempre puedes decidir qué eliminar y qué conservar en la historia de tu vida. Eres, por decirlo de alguna manera, tu propio novelista, guionista y cineasta. ¿Borras de tu vida todo lo bueno y sólo conservas aquello que la ha echado a perder? ¿Eliminas las posibilidades porque no son más que esto, y crees que no llevan a ninguna parte? ¿Cómo afectan estas decisiones a tu nivel de confianza?

Tal vez decidas mirar «hacia fuera» a través de tus propios ojos, o mirar «hacia dentro», desde fuera y a ti mismo, y también esto es una decisión que influirá en la historia que cuentes. ¿Cómo afecta esto a tu confianza? ¿Te va mejor una cosa que otra? Intenta averiguarlo.

EJERCICIO: **Tu historia**

Cuando empieces a analizar y entender mejor la historia que te has escrito, y su impacto en tu grado de confianza, hazte las siguientes preguntas:

Esta historia trata de . . . .
El protagonista (tú) es . . . .
El protagonista cambia cuando . . . .

¿Qué importancia das a esta historia? ¿Hace falta algún cambio en el guión?

Las generalizaciones

Las generalizaciones pueden ser beneficiosas o perjudiciales. A veces pueden dar una visión del mundo sólo en blanco y negro. ¿Te acuerdas de aquella clienta mía que pensaba que todos los hombres son unos infames? Para demostrarlo se limitaba a poner de ejemplo a unos cuantos hombres que ella misma había escogido y que encajaban en los roles que previamente les había asignado. Por otro lado, para entender el mundo y poder reconocer sus patrones —*¡Ah, ya entiendo! ¡Es uno de ésos!*—, necesitamos hacer generalizaciones. Basta con que cambies las cosas sobre las que estás generalizando para cambiar drásticamente lo que ocurra en tu cabeza y, por consiguiente, el guión que sigues y la forma en que afecta a tu confianza.

¿No me crees? Prueba este ejercicio solo o en compañía. Escribe lo primero que se te ocurra.

EJERCICIO: **Tus generalizaciones**

Generalizaciones 1

Tú nunca ....
Tú siempre ....
Yo nunca ....
Yo siempre ....

Generalizaciones 2

Debo ....
Nunca debes ....
He de ....
No puedo ....
No hay manera de ....

Observa cómo has completado cada encabezamiento de estas generalizaciones. Las personas dicen a menudo: «¿Y de dónde sale *esto*?» Pero es precisamente el tipo de cosas que pueden nacer de la conciencia alerta y afectar a tu confianza. A veces basta con sacar a la luz estos pensamientos para que la gente se ría y pase a otra cosa.

Ahora, sobre cada una de las afirmaciones que has hecho, pregúntate:

- ¿Qué pasaría si lo hicieras/no lo hicieras?
- ¿Qué te detiene? (Es decir, la causa.)

- ¿Qué te lo facilita?
- ¿Qué te lo dificulta?

Piensa cuál de estas preguntas te va mejor, retocándola si es preciso para que tenga sentido dada tu afirmación inicial. Es un ejercicio realmente bueno para desencadenar nuevas formas de reflexionar sobre historias viejas, y para arrancar el cerebro y que se ponga a pensar de otra forma en la relación entre causa y efecto. Te puede ayudar a imaginar nuevas posibilidades, nuevos personajes y nuevos guiones. Y todo esto es bueno para tu confianza.

La distorsión

Vas andando por la calle y alguien desconocido se te queda mirando un momento. Interpretas que es una mirada de desaprobación y empiezas a enojarte, a pensar que no tiene derecho, etc. Después descubres que era una persona que se había perdido y por timidez no se atrevía a preguntar.

La distorsión puede producir un profundo impacto en la interpretación que hacemos de lo que ocurre en nuestra vida. Algunas personas la utilizan como una especie de huida de la realidad, como hace Billy Mentiroso en la novela del mismo nombre [*Billy Mentiroso*] de Keith Waterhouse. Era su única forma de evadirse de la sombría prisión en la Gran Bretaña de posguerra de los pasados años cincuenta.

La distorsión se refiere al significado que le damos a nuestra experiencia. Las personas crean significados que las ayudan o las entorpecen. Pero la mayoría de ellas ni siquiera se cuestionan la interpretación que hacen; actúan como si ésta fuera lo que realmente ocurre.

La próxima vez que decidas que una determinada conducta «significa» que la persona en cuestión es... lo que hayas decidido, pregúntate cómo lo sabes. ¿Qué me lo asegura?, ¿es verdad? Hazte estas preguntas sobre la conducta de los demás, claro está. Pero háztelas igualmente sobre tu propio comportamiento. ¿El significado que le has asignado te ayuda a sentirte más seguro de ti mismo?

* * *

Una buena historia es algo de lo que las personas se acuerdan. Lo que la hace buena es que les resulta significativa. Por esto una novela o una película nos pueden recordar realmente un determinado momento de nuestra vida. Hasta nos pueden proporcionar la solución de algún dilema en que hoy nos encontremos.

Al cerebro humano le encanta establecer esta clase de vínculos que la metáfora nos permite explorar. Cuantos más elementos metafóricos haya ocultos en la historia para que la mente inconsciente los pueda desenterrar, más satisfactoria será la historia. Podemos utilizar las historias y las metáforas para hablar directamente a la mente inconsciente y dejar que descubra y active sus propios recursos, incluidos aquellos que fomentan conductas de mayor confianza en nuestra vida tanto profesional como personal. Por esto se dice que la metáfora es el lenguaje con que se fabrican los sueños.

Nuestro propio sentido de quiénes somos, nuestra Identidad, surge del significado que le damos a lo que nos ha ocurrido. Este significado es una versión con muchísimos cortes de la vida que hemos vivido. Todos tenemos una historia que contarnos sobre quiénes somos, cómo hemos llegado a donde nos encontramos, qué es lo que nos importa y qué deseamos para el futuro. A veces estas historias no son muy útiles ni inspiran confianza. Un cliente me decía: «Siempre he sido un fracasado». Así pues, ¿qué tipo de historia te has estado contando? ¿Y te sirve?

EJERCICIO: **La historia de mi vida**

Escoge siete de los acontecimientos más importantes de tu vida. Escríbelos.

Cuando tengas los siete, repásalos y escribe al lado de cada uno el significado que tiene para ti.

Al observar estos siete acontecimientos y lo que significan para ti, di en voz alta las siguientes palabras y completa la frase: *«Mi vida es como...»*.

Pregúntate: ¿me sirve esta metáfora? (si no te sirve, fíjate de nuevo en los siete acontecimientos y luego repite: *«Mi vida es como...»* hasta que des con una metáfora que te sirva.)

Piensa en qué podría derivar esta metáfora en el futuro. ¿Adónde te podría llevar? ¿Cómo podría desarrollarse y crecer?

Si te atrevieras a soñar, ¿cuál podría ser la metáfora de tu futuro? (No tengas reparos en escoger algo completamente diferente, incluso estrafalario, si así lo deseas.)

Pregúntate: ¿cuál es la historia que anida en mi interior y aguarda a ser contada? ¿Y cuándo empezaré a contarla viviéndola?

Si quieres hacer un viaje, debes saber cuándo es el mejor momento de iniciarlo. Dependerá en parte de cómo te encuentres en tu interior —por ejemplo, ¿estás preparado?—, pero también es cuestión de que sincronices bien los tiempos teniendo en cuenta lo que ocurre en el mundo. Gestionar esta tensión dinámica entre las fuerzas interiores y exteriores forma parte del arte del vivir con confianza.

> Existe una marea en los asuntos humanos,
> que, tomada en pleamar, conduce a la fortuna;
> pero, si se prescinde de ella, todo el viaje de la vida
> se llena de escollos y desgracias.
> En esa pleamar flotamos ahora,
> y debemos aprovechar la corriente cuando es favorable,
> o renunciar a nuestra empresa.
>
> *Julio César*, acto IV, escena 3

Cuando Bruto dice estas palabras a Casio, es consciente de que su enemigo Octavio está reuniendo ejércitos que pronto serán mucho más grandes que los que ellos logren formar para enfrentarse a ellos. Lo que dice es que necesitamos aprovechar el momento propicio, tenemos que beneficiarnos del flujo de la marea, o perderemos la oportunidad, que nunca más se nos volverá a presentar. Estos momentos aparecen en todas nuestras vidas. El arte está en ser conscientes de ellos y ponerse en marcha. Algo difícil de conseguir a menos que uno esté en sintonía con lo que ocurre en su interior y sepa lo que va a hacer. Por esto es tan importante cuidar de la relación con uno mismo. Sólo así tendrás la sensación de que avanzas. Y aquí es donde entra en escena la metáfora del Viaje del Héroe.

El Viaje del Héroe

El mitólogo estadounidense Joseph Campbell (1904-1987) fue quien introdujo la idea del Viaje del Héroe en el pensamiento popular, en su libro *El héroe de las mil caras*. A Campbell, que dedicó toda su vida al estudio de las historias y los símbolos de diferentes religiones, culturas y credos, le interesaba lo que todos ellos tienen en común. Señaló que hay una cantidad importante de temas universales, entre ellos, y en especial, la historia del héroe que viaja a lo desconocido y regresa transformado. Ese héroe se puede describir de mil maneras y adoptar numerosas formas, de ahí el título de su libro. Pero aunque las experiencias concretas pueden variar mucho de una cultura a otra, en el fondo de esas historias hay una estructura común, porque todos los seres humanos tenemos que enfrentarnos a retos similares si queremos vivir una vida plena.

Estos viajes se describen a menudo como una serie de encuentros que se producen en el mundo exterior. Sin embargo, la persona experimenta sus efectos en su interior también, porque esas experiencias cambian al héroe. Se le ha discutido a Campbell que acierte al interpretar algunos de estos mitos, pero eso es algo que no nos afecta: para nuestros propósitos, la mejor manera de entender su aportación es ver su trabajo no como algo exclusivo de la antropología, sino como una forma literaria que nos permite esclarecer nuestras propias vidas.

Debemos darnos cuenta de que todos somos el héroe de nuestro propio viaje. Lo heroico no tiene por qué ser algo portentoso, ni es necesario que implique una gran acción. Muchas personas se restan importancia porque dan por supuesto que no tienen nada de especial. Por decirlo de algún modo, se excluyen de su propio guión. Dan por supuesto que únicamente la persona excepcional puede llegar a ser un héroe. Ocurre justamente todo lo contrario: la persona corriente se convierte en héroe al hacer aquello que para ella es extraordinario.

Uno de mis clientes se sorprendió cuando le dije que lo que él estaba sintiendo era una llamada a la aventura y el cambio, porque no se consideraba un héroe, ni mucho menos. «¡Pero si estoy muerto de miedo!», decía. ¿Puede tener miedo el héroe? ¡Naturalmente! Si ves las entrevistas que se han hecho a los soldados que desembarcaron en Normandía el día D de 1944, te das cuenta de lo jóvenes que eran (no llegaban a los veinte años, o los superaban por muy poco) y del miedo que tenían. Pero se sentían inspirados por la historia de la que formaban parte, por sus líderes y por la camaradería de los compañeros.

Hay muchas versiones del Viaje del Héroe, cada una con sus fases numeradas. Éstas empiezan invariablemente con «la llamada» a la aventura o el cambio. Luego intervienen otros, sean ayudantes (defensores) o adversarios (demonios). Después de muchos intentos y tribulaciones, el viaje acaba con el regreso del héroe transformado. Para plasmar de algún modo la metáfora, voy a seguir un modelo sencillo de seis fases que he elaborado y utilizado con mis clientes. A medida que vayas leyendo las distintas fases, observa qué es lo que te viene a la cabeza, dónde se podrían aplicar ahora mismo en tu vida. Quizá te encuentres en pleno viaje y ni siquiera te hayas dado cuenta. Pasa a veces con algunas personas. O tal vez te estés preparando para el próximo viaje. En cualquier caso, el guión que sigue funciona como un mapa: te ayudará a orientarte.

El Viaje del Héroe

1. Llegar a un lugar de tu vida que te suponga todo un reto
Nada de lo antiguo es ya viable, por muy cómodo o familiar que te haya sido. ¿Te vas a aferrar a ello e intentar ignorar las nuevas realidades? ¿O dejarás que la nueva inquietud te empuje a tomar nuevas decisiones y partir de nuevo, aunque sea entre dudas y recelos, en un viaje de aprendizaje y descubrimiento?

2. Decidir aceptar el reto
Sabes que podrías hacerle oídos sordos o seguir como de costumbre, pero la llamada es demasiado fuerte. Si eres sincero contigo mismo, sabrás que necesitas poner rumbo a lo desconocido. Esto significa que no sabes mucho lo que implica ni cómo proceder, pero de todas formas inicias el viaje.

3. Encuentro con tus ayudantes (defensores)
Una vez aceptado el compromiso, quizá te sorprenda la cantidad de ayuda que te sale en el camino y su procedencia. Los defensores que vas a encontrar no son sólo las personas que te ayudarán a hallar el

camino, sino también aquellas partes de ti mismo que quizás ahora puedan cobrar una vida nueva, y cuyo empuje y determinación van a marcar toda la diferencia.

4. Afrontar y vencer las tentaciones (demonios)
Una vez más, puede haber cosas externas que te distraigan, obstáculos y hasta enemigos que deberás superar. Pero no sólo se encuentran en el mundo exterior. También pueden ser aquellas partes de ti a las que quizá no quieras enfrentarte. Afróntalas y subyúgalas. Dómalas y págales lo que realmente quieran hacer por ti, y así se convertirán en aliadas tuyas.

5. Transfórmate
La autotransformación se produce mediante esta lucha. No es necesariamente fácil ni cómoda. Conocerás el miedo, quizás incluso momentos de desesperación, porque no podrás ver cómo van a devenir las cosas, y no estás acostumbrado a sentirte así. Pero la contrapartida es que consigues romper el cascarón y experimentar un renacimiento.

6. Regresar a casa
Has regresado, pero te encuentras en otro lugar, a veces físicamente, pero sin duda en tu interior. Tienes una idea más clara de ti mismo y del objeto de tu vida. Eres el mismo y no lo eres, porque tus andanzas te han dado una nueva sabiduría. ¿Será así ya para siempre? No, porque sólo es el final de un viaje. ¿Cuándo empezarás el siguiente?

El Viaje del Héroe: los beneficios

El Viaje del Héroe se puede vivir bajo los deslumbrantes focos de la publicidad, o ser algo completamente privado. Teóricamente, te podrías embarcar en tu propio Viaje del Héroe sin que nadie más que tú supiera nada de él, porque en esencia el Viaje del Héroe nada tiene que ver con la fama, la fortuna ni el reconocimiento de los demás; se trata de que vivas tu vida según tus principios. Y ésta es la mejor de las noticias. Si de verdad decides aceptar el desafío de tu propio Viaje del Héroe, te puedo asegurar los siguientes beneficios:

- Derrotarás a tus demonios y te apropiarás de su poder.
- Vencerás tus miedos y ganarás confianza en ti mismo.
- Cambiarás (para mejor).
- Serás la mejor versión de ti mismo que puedes ser.
- Comprenderás mejor lo que te propongas y el significado del mundo.
- La seguridad en ti mismo aumentará espectacularmente.

En la actualidad, vemos a cientos de personas que buscan la condición de famoso para poderse sentir como si realmente fueran alguien. Es la perfecta antítesis del Viaje del Héroe; si con tu vida haces algo que tenga un significado y un propósito, no necesitas llenar el vacío de esa forma. Pero cuando no hay Viaje del Héroe, el impulso a la heroicidad se deforma y acabas por ansiar un reconocimiento ajeno a tus propios logros. En el mejor de los casos, todo lo que se consigue son los quince minutos de fama y una reputación hueca que no perdura.

Si aceptas el reto del Viaje del Héroe, de un modo u otro te sentirás ilusionado, probablemente más de lo que nunca lo estuviste. Sin embargo, además de ganar importancia, también tendrás más oportunidades nuevas de las que jamás imaginaste. Sólo podrás entender el significado del Viaje si te embarcas en él y lo completas, y descubrirás que los viajes que más sentido tienen son, paradójicamente, aquellos que se realizan en beneficio de los demás.

El buen navegante no se forja en el mar en calma

Antes de entrar en el mundo de la PNL, ejercía de psicoterapeuta titulado. Recuerdo que en los inicios de mi actividad profesional mi supervisor me decía: «Espero que no tengas que empezar con los odiosos pacientes de fácil tratamiento». Los clientes fáciles, me explicaba, crean una falsa sensación de seguridad en uno mismo, y hasta de complacencia en las habilidades propias. «Es mejor empezar con pacientes difíciles, con los que se aprende mucho más a mejorar esas habilidades», me recomendaba mi supervisor. Y ocurrió que tuve que hacerme cargo de uno de los clientes más difíciles de cuantos he tenido en mi vida. Mi supervisor estaba en lo cierto. Aprendí mucho del trabajo con aquel paciente, y juntos trabajamos mucho, y muy bien, varios años. Hoy les cuento esta historia a los monitores de coaching que formo, porque también a ellos les va a ocurrir lo mismo.

Lo cierto es que pienso que, en muchos ámbitos de la vida, cuando mejor afinamos nuestras destrezas es cuando nos enfrentamos a algún tipo de desafío. Hoy sabemos que la falta de estímulos acelera el declive neurológico. Y volvemos al mismo principio de siempre: lo que no se usa se pierde. Así pues, si quieres estar alerta y en las mejores condiciones, deberás ponerte el listón continuamente más alto. El Viaje del Héroe te lo hará más fácil.

Pero esto no significa que lo debas hacer todo tú solo. Nunca me aventuré solo en aguas turbulentas y por mares desconocidos. Tenía un buen supervisor al que recurrir, lo cual significaba que lo que pudiera ser un desafío para mí, nunca llegaba a abrumarme. ¿Con quién o con qué cuentas, pues, en tu equipo, fuera y dentro de ti?

Aceptar el desafío

La historia que te estás contando actualmente no sólo afecta al rumbo que vayas a seguir en tu vida, sino también al propio sentido que tengas de ti mismo. La auténtica confianza debe estar profundamente enraizada en la autovaloración y la autoestima. ¿Permite tu propia historia que así sea?

El Viaje del Héroe puede servir de estructura para que la respuesta sea afirmativa. Tal vez, ahora que cuentas con una clara definición de ellos, sepas identificar los momentos de tu vida en que recibiste la llamada y aceptaste el reto de realizar el Viaje del Héroe. El camino no tiene por qué ser recto. Ni es el Viaje un acontecimiento excepcional. Si decides vivir plenamente, oirás la llamada que te incite a realizarlo una y otra vez.

Puedes decidir desatender la llamada, por supuesto, tienes todo el derecho a hacerlo. Pero si la desoyes, es posible que germine en ti una incómoda sensación de que algo no va bien del todo en tu vida. Sentirás como si tu antiguo yo se te hubiera quedado pequeño. Naturalmente, puedes posponer el viaje, pero una vez que des el primer paso, te darás cuenta de que el simple hecho de aceptar el desafío puede hacer que te hagas algunas preguntas fundamentales, por ejemplo:

- ¿Qué es lo que realmente me importa?
- ¿Cómo quiero vivir?
- ¿Qué es lo que valoro de verdad?

Paradójicamente, al principio, todo nuevo reto puede hacer que te sientas menos seguro de ti mismo, no más seguro. Es posible que, como Frodo en *El señor de los anillos,* estés dispuesto a aceptar el reto, pero te sientas totalmente inseguro de si vas a alcanzar lo que te propongas. Ponerte en camino e iniciar el Viaje del Héroe te sacará definitivamente de la zona de comodidad. Pero descubrirás que la confianza con que partiste era una nimiedad comparada con la creencia en ti mismo, en los demás y en el valor de tu vida que al llegar a la meta habrás adquirido.

El regreso a casa

El Viaje del Héroe no puede ser más que lo que de él hayas hecho. En mayor o menor grado, te exigirá que te comportes heroicamente, porque cuando vas más allá de lo que conoces, sube el valor de tus acciones. Puede ser algo apasionante, pero también, y a menudo, que dé miedo. Invariablemente, cuando esas acciones estén ya muy altas, verás que lo que te ha llevado hasta donde te encuentres no te podrá llevar mucho más lejos: tienes que hacer algo diferente. Algunas personas intentan permanecer en lo que les es familiar, pero es como si uno nunca saliera de su casa; sólo cuando tengas confianza para salir y hacer el Viaje, podrás disfrutar de un auténtico regreso a casa en fechas futuras. Ocurre a menudo que nos acostumbramos a como somos, y pensamos que ésta es nuestra forma de ser. Pero piensa que *quien estés acostumbrado a ser no es necesariamente quien eres.* Es posible que lo que acostumbres a ser no sea más que un hábito.

Si tienes la valentía de partir, es más que probable que tomes desvíos equivocados, que entres en callejones sin salida y que a veces pienses que estás perdiendo el tiempo. Es posible que las cosas no sean a menudo lo que al principio parecían ser, pero todo esto normal. Poco a poco sabrás distinguir mejor y no caerás tan fácilmente en errores. Tal vez sientas que por doquier te asaltan tus demonios, sean éstos obstáculos externos, enemigos, tentaciones o luchas interiores contra diferentes aspectos de ti mismo. Pero recuerda que *puedes* superarlos, aunque no siempre sea de la forma que quizás hubieras imaginado previamente. Muchas veces el problema no será vencerlos, sino interiorizarlos de tal manera que, al igual que tu diálogo interior, empiecen a serte de utilidad. En este mismo sentido, y en lo que se refiere a la ayuda, tal vez te encuentres en tu camino con lo inesperado. Tus defensores, sean personas que te ayuden o que te deseen lo mejor, la coincidencia o la mera chiripa —la capacidad de realizar descubrimientos de manera accidental—, pueden aparecer cuando menos te lo esperes, y no en la forma a la que estás acostumbrado. El truco está en reconocer los regalos, pese a que estén en envoltorios inusuales.

Entonces, si tanta es la incertidumbre y tantas son las turbulencias, ¿por qué molestarse en salir de lo que hoy llamamos nuestra casa? Quizás el mayor beneficio del Viaje de Héroe es que, al realizarlo, nos hacemos más humanos y más humanitarios. Es una experiencia que nos transforma y, en última instancia, nos libera; descubrimos más aspectos de quiénes somos, pasamos a ser lo mejor que podemos ser en estos precisos momentos y empezamos a sentirnos plenamente *vivos*. Y de aquí nace también la sabiduría. Con ella llega una mayor solidaridad, tanto con nosotros mismos como con los demás. Llegar a casa después de nuestro Viaje tiene algo de liberador. Nos hace más comprensivos y receptivos, y reconocemos que todos, incluidos nosotros mismos, hacemos siempre lo que mejor sabemos en cualquier circunstancia.

Al final del Viaje del Héroe llegas a casa, lo cual significa simplemente que regresas a ti mismo, pero no eres ahora el mismo que cuando partiste. Al aceptar el reto, al tener el coraje de enfrentarte a lo desconocido, al vértelas con tus demonios y dar con tus defensores, te has transformado.

En la mitología griega, Ulises no quería irse de casa para participar en la guerra de Troya. Llegó incluso a simular que estaba loco para intentar esquivar su destino, pero todo fue en vano. Después de años de ausencia y del largo asedio a Troya, inició por fin el camino de regreso a casa, en el que empleó años y años. Las aventuras de aquel camino lo cambiaron en su esencia, de modo que cuando por fin llegó a casa era un hombre diferente. Cualesquiera que sean tus aventuras y tus logros exteriores, al cabo del día el viaje sólo tiene que ver *contigo*. Te has convertido en la mejor y más segura versión de ti que en estos momentos puedes ser. En el transcurso de la vida humana, puede haber muchos viajes de este tipo.

La historia, como el Viaje, sigue su camino mientras nosotros también sigamos caminando.

10

La confianza en ver el cuadro completo

Lo que pienses de ti mismo en relación con el sistema en su totalidad es muy importante. No eres un átomo aislado, solo en la vida, y ya te habrás hecho una idea del mundo y de cómo funciona. Lo que sea que des por supuesto afecta a tu conducta de muchas formas.

Fue mi amigo Robert Dilts quien me contó esta anécdota sobre Albert Einstein: en los primeros años posteriores a la Segunda Guerra Mundial, un periodista se acercó a Einstein y le dijo que, como había desvelado los secretos del átomo con un efecto tan extraordinario, y nos había dado una nueva interpretación del universo, quería saber cuál era en su opinión la pregunta más importante que se le planteaba a la humanidad. La respuesta de Einstein fue corta y decidida: «La pregunta más importante que se le plantea a la humanidad es si el universo es un lugar agradable».

Cuanto más pienso en estas palabras, más profundas me parecen. El universo puede ser tan grande o tan pequeño como queramos hacerlo. Cualquiera que sea su tamaño, lo que suponemos que es o no es agradable afecta a nuestra forma de comportarnos, a lo que imaginamos que es posible en nuestro universo y que tiene sentido. (Un ejemplo: cuando se introdujo por primera vez la Meditación Trascendental en una prisión de Estados Unidos, el primer problema fue conseguir que los internos accedieran siquiera a cerrar los ojos, sentados en una misma sala donde estaban con el instructor. Estaban tan acostumbrados a dar por supuesto que su entorno era cualquier cosa menos agradable que lo que se les proponía era en sí mismo un gran desafío. Asumir que a uno no le iban a agredir era algo nuevo y liberador, en especial cuando la persona se daba cuenta de que así ocurría.) ¿Qué es, pues, lo que das por supuesto? ¿Te afanas en defenderte de todo posible tipo de agresiones? ¿Das alegremente por sentado que todo el mundo quiere lo mejor para ti? ¿Cómo vives en tu universo local?, ¿eres más o menos consciente de la existencia de otro mayor?

Confianza y generosidad

Mientras sigues en tu Viaje, quizá consideres de utilidad evaluar cómo evoluciona y se desarrolla tu confianza. Usa de nuevo, cómo no, la Rueda de Equilibrio de la Confianza y observa cómo cambian tus puntuaciones. Pero permíteme que te sugiera otra forma de analizarte. Si quieres una buena prueba de tu confianza, quizá debas preguntarte si en general te estás convirtiendo en una persona más generosa.

Una manera de medir la confianza de alguien es medir su generosidad. En medio de una recesión económica, cuando tu trabajo pende de un hilo, ¿tienes la misma confianza en el futuro que cuando las cosas parecían seguras? Esta incertidumbre hace a menudo que las personas se retraigan y contengan por temor a que la escasez sea inminente. La auténtica confianza se manifiesta en la generosidad, y no sólo en la material, sino en el tiempo, la atención y el cuidado que estés dispuesto a dedicar a los demás.

Tener más confianza te da libertad para ser más generoso. ¿Por qué? Porque parte de la generosidad consiste en tener la confianza de «soltarse». Cuanto más seguro estés de ti mismo, más te puedes ofrecer a los demás y a otros futuros posibles, y menos necesitas aferrarte a lo conocido. La generosidad procede de la sensación de abundancia, por esto se entiende que los dos obstáculos más habituales que dificultan la generosidad sean la escasez y el miedo. Tampoco inspiran mucha confianza.

No te estoy proponiendo que seas más generoso a tus expensas. De hecho, para ser generoso, de la forma que sea, con el mundo más amplio, necesitas ser generoso de verdad contigo mismo. Para disfrutar del fruto, hay que regar el árbol. Es decir, si quieres dar frutos, debes cuidar de ti mismo: sólo entonces tendrás suficiente para poder dar.

Confianza y altruismo

Está la generosidad y luego está el altruismo. A veces hacemos algo aunque sea a nuestras expensas, porque nos importa lo suficiente para que el sacrificio merezca la pena. El escritor y periodista británico Keith Waterhouse contó una vez la emotiva anécdota que sigue y que nunca he olvidado.

Durante la Segunda Guerra Mundial, en los momentos de mayor racionamiento, cuando la comida escaseaba y eran muchas las familias de clase obrera que pasaban hambre, el pequeño Keith regresó un día a casa de la escuela y se encontró a su madre preparando un guiso que le hacía la boca agua. Al pedirle un plato, su madre dijo con firmeza:

—No, no es para nosotros. Es para la señora Brown y su familia, de esta misma calle.

Keith protestó.

—Pero tengo hambre, mucha hambre —lloraba.

Su madre, airada, se dio la vuelta y le dio una fuerte bofetada.

—Tú tienes hambre, pero ellos se están muriendo de hambre —le dijo.

A veces, para ver la imagen más grande nos hemos de situar más allá de nuestras preocupaciones más inmediatas, porque hay algo más importante de lo que ocuparse. Aunque sea un sacrificio, sabemos por qué hacemos lo que hemos decidido hacer.

¿Qué sería en tu caso?

El altruismo

Las personas no reconocen a menudo sus momentos de desprendimiento y de voluntad de cumplir con mucho más de lo que les corresponde. Son momentos que te pueden decir mucho sobre lo que realmente te importa y sobre las realidades a las que te sientes unido. Con esto podrás tener una idea más clara de ti mismo y de lo que te propones. Algo que es bueno tanto para tus propósitos como para tu confianza. Prueba, pues, el ejercicio siguiente.

EJERCICIO: **Tu sentido del altruismo**

1. Piensa en alguna vez en que hayas ido más allá de tu zona de comodidad, en que realmente hayas salido de ti mismo, en que hayas decidido hacer mucho más de lo que el deber te impone y en que incluso corrieras algún peligro por otra persona o por una causa.
2. Revive ahora esa experiencia. Entra en ella.

3. ¿Por qué hiciste lo que hiciste?
4. ¿Por qué era tan importante para ti lo que hiciste?
5. ¿Qué te dice esto sobre lo que consideras más importante en tu vida?
6. ¿Qué te dice sobre ti como persona?

No estás solo

Si quieres sentirte más seguro de ti mismo y permanecer en este estado, debes aceptar que la forja de la confianza es una habilidad que, como cualquier otra, requiere práctica. Todas las destrezas exigen repetición, y ahora sería un buen momento para que decidas *cómo* piensas practicar estas nuevas destrezas. Conservar las habilidades de confianza que te has estado construyendo exigirá que inviertas tiempo y atención. Yo te aconsejo que te comprometas a practicar poco, pero a menudo.

Forjarte tus habilidades de confianza de este modo no sólo te liberará, sino que te dará libertad para actuar. Podrás sentir cómo te liberas de toda conducta de evitación, del miedo, de la baja autoestima, de la preocupación por lo que los demás puedan pensar. Por otro lado, tendrás libertad para ser tú mismo, más cariñoso, más espontáneo y creativo, para decir lo que piensas y decidir cómo te sientes.

Con todo esto, puedes decidir cambiar la compañía en la que hoy te encuentras. Quizá descubras también que algunas personas vean en tu confianza una amenaza excesiva. Es muy probable que, por la razón que sea, algunas personas de tu entorno cambien, ellas mismas o en cuanto actores que intervienen en tu vida. Las habrá que se ajusten a tu yo anterior al de la confianza que hoy tienes. Y las habrá que se ajusten a tu yo nuevo y más seguro de sí mismo.

Un cliente mío, que pasaba por graves apuros económicos y personales, se veía envuelto en la confusión y sin saber por dónde tirar. Decidió tomarse unos días de vacaciones e irse a escalar. El día en cuestión, estaba a medio camino del ascenso por la cara de una roca cuando se detuvo, y fue entonces cuando ocurrió. Al mirar a su alrededor, «de repente sentí que me encontraba en el lugar adecuado de mi vida. No sabía qué iba a hacer a continuación, pero no me importaba, porque estaba seguro de que sería lo adecuado, y me sentía perfectamente». Ha vivido siempre desde entonces con este sentimiento y esta convicción. Dice de aquella experiencia que ha sido la más importante de su vida de adulto. Le ha dado un nuevo sentido del hecho de estar vivo porque, de algún modo que no logra entender, siente que participa en el despliegue de algo más grande que él mismo. Es un hombre que no está afiliado a ninguna religión.

Quizá conozcas a alguien que haya tenido (o tal vez hayas tenido tú mismo) algún tipo de experiencia de sentirse conectado, unido al mundo, a la naturaleza o a otras personas de una forma que trasciende de la conciencia corriente. Es una sensación que a veces va acompañada de un intenso sentimiento de paz y quietud. Otras personas viven la experiencia de penetrar en un grado superior de conciencia como resultado de una crisis personal y de un dolor que hace añicos su antigua forma de ser. Quizá pienses que nada hay de «espiritual» en ello, pero clientes con los que he trabajado decían que era como desprenderse de una piel vieja, algo confuso y prolongado, pero al final liberador.

No sé si habrás vivido una experiencia comparable, ni si piensas que en tu caso los cambios se produjeron en las personas que te acompañaban. Pero sí sé que, aunque sea un viaje exclusivamente tuyo, no tienes por qué hacerlo solo. Si quieres, lo puedes hacer con otras personas que compartan tu compromiso de ser más de lo que sois. Pueden ser personas que aparezcan en tu vida de forma natural. Pero has de saber que si quieres conocer a mayor cantidad de ellas, no tienes más que acudir a una de nuestras sesiones de formación.

Estarás ya terminando el libro, pero acabas de empezar tu Viaje. Por esto, y para finalizar, quiero hacerte una pregunta realmente importante:

¿Qué tamaño tiene tu cuadro completo?

Muchas veces, las personas avanzan siempre por las mismas roderas y nunca se salen del surco; se olvidan de levantar la vista para ver el mundo que las rodea o el horizonte allá lejos. Saber ver más de lo que se tiene delante de la nariz, saber ver el cuadro completo, forma parte del arte de vivir. Por esto me pregunto: ¿qué haces en este sentido? Y, claro está: ¿lo haces? Si dices que no, en nada contribuyes a ganar toda la confianza que podrías tener, y es más probable que te quedes empantanado en las menudencias del momento. Las personas tienen diferentes maneras de impedir que el árbol no les deje ver el bosque, evidentemente. Uno de los beneficios del coaching en activo, por ejemplo, es que da oportunidad de distanciarse, de forma más o menos regular, de la obra actualmente en cartel, para hacer balance de nuevo y determinar qué es lo importante de verdad y adónde quieres ir.

Cada persona tiene su propia imagen del cuadro completo, una imagen muy personal. Se refiere a lo que te importa, a tu forma de entender la vida y al lugar en que te ves en el más amplio devenir de las cosas. A veces, aprender del viaje de otras personas te puede ayudar a orientarte, te puede inspirar, y también cartografiarte el terreno. Personalmente, creo que las biografías son de gran utilidad, entre otras cosas, porque en ellas uno se da cuenta de lo mucho que cuesta conseguir lo que otros consideran que no reviste gran dificultad. A las personas las suelen seducir las historias de éxito fácil y de progreso imparable. En realidad, son historias que nos debilitan: como me decía, frustrado, un cliente: «Pero ¿qué me pasa? ¿Por qué mi vida no es como la de esas personas?»

Me atrae en especial la vida de quienes han querido crear un mundo que fuera mejor para la gente corriente. Parte de lo que he aprendido es que esas personas no tenían una imagen clara de tal mundo; se sentían confusas a menudo, vacilaban, tenían sus altibajos, pero se mantenían firmes en lo que les importaba. Es como si no pudieran evitar ser fieles a sus ideales. Una actitud que me seduce.

Te aconsejo encarecidamente que busques lo que te pueda inspirar. Pero, al mismo tiempo, no des por supuesto que únicamente las otras personas tienen historias que contar. No tengas miedo de contar la tuya propia; es posible que los demás valoren lo que oigan de ti y aprendan de tus experiencias. Y si te aconsejo que pienses en contar aspectos de tu propia historia, es porque probablemente lo deba hacer yo también.

Podrás decirme que mi vida está dedicada al cambio. Con los años he llegado a hacerme una idea de cómo se produce el cambio y qué requiere. En mi actividad de formador, doy muchos ejemplos y hago muchas demostraciones para que la gente pueda ver cómo se produce realmente el cambio. He trabajado a menudo con personas que son formadores o comunicadores de otros ámbitos, y que, después de una de esas demostraciones, me preguntaban en voz baja cómo sabía que lo que les proponía iba a funcionar. (Muchas personas suponen erróneamente que la confianza implica certidumbre.) La primera vez que me ocurrió esto me quedé completamente sorprendido. No sabía qué responder, y era incapaz de detenerme a reflexionar sobre esa pregunta. En realidad, no estaba seguro de que lo que iba a hacer iba a producir, como por arte de magia, el efecto deseado. (Y en esto precisamente era en lo que se equivocaban.) Sin embargo, estaba totalmente seguro de que, ocurriera lo que ocurriera, sabría reaccionar de forma que nos hiciera avanzar. Con esto tenía suficiente para sentirme libre para analizar con la persona con quien estaba trabajando cómo podía crear su propia experiencia, y cómo la podría cambiar de manera que le resultara mejor.

En mi opinión, es ésta una confianza importante, tanto en mi propia experiencia como en el proceso en el que intervengo. En cierta ocasión, unos alumnos avanzados participaban conmigo en una clase de «modelado» [imitación de un modelo]. Es en estas ocasiones cuando me preguntan cómo hago lo que hago. Uno de ellos dijo: «Supongamos que hemos aprendido las técnicas que nos ha enseñado usted. ¿Cuál sería el mejor consejo que nos daría?» Era una pregunta importante. Nunca se me había ocurrido, pero me oí decir: «Mi consejo sería que *dejéis paso* para que el cliente haga lo que sepa hacer... con vuestra ayuda». Muchas veces las personas se empeñan en que los demás hagan lo que ellas creen que deben hacer. Es mucho más fácil ayudarlas, si podemos, a que lo hagan a su manera. Suele ocurrir que la forma que encuentran de hacerlo es mucho más creativa que cualquier otra que se me hubiera podido ocurrir y, evidentemente, les va a la perfección.

Después de ejercer el coaching con miles de personas, tengo la absoluta seguridad de que la mayoría de la gente sabe hacer lo que debe hacer. Todo mi cometido es crear el contexto en que esto sea posible, y proporcionar medios y herramientas que luego las personas puedan adaptar para llevarlo a cabo. Esto hace del singular universo en que habito, con mis alumnos y mis clientes, un lugar agradable donde son posibles las cosas más sorprendentes.

En muchos sentidos, el arte de ser feliz es saber crear un universo en el que puedas ser tú mismo, y exigirte ser lo mejor de ti mismo que puedas ser en cada momento. Para mí, es una descripción exacta de lo que ocurre cuando trabajo con las personas. No sé que ocurriría en tu caso, pero te invito a que lo pienses.

Lo que a mí me pasó es que no podía encontrar en el mundo lo que buscaba, y por esto lo creé, inconscientemente, empezando por mi organización y la creación de un entorno en el que pudiera acoger a las personas y éstas se sintieran en él seguras de ser ellas mismas. Luego quise averiguar cómo llevar al mundo exterior esta nueva forma de ser tú mismo, para que puedas sentirte libre y tener éxito al trabajar con los demás según tus propios principios: esto es lo que me importa. Y esto únicamente se produce cuando las personas saben regresar a sí mismas, y esto es lo que yo intento. Hacer posible que la persona tenga idea de qué es lo que realmente quiere y se sienta cómoda consigo misma. Éste es el universo que siempre he querido crear.

Durante los últimos veinte años, he sabido tanto estimular ese propósito como nutrirme de lo que genera. Oír contar a mis alumnos lo que hacen con lo que han aprendido me produce una sensación inexplicable. Me asombran de verdad las extraordinarias formas en que aplican lo que les he enseñado, sea referente a la salud, los negocios, la educación, la vida familiar, la creatividad o la innovación. Y luego están los libros que me mandan como a su maestro, pero que ellos han escrito. Deduzco de ello que he creado un legado que no tiene que ver conmigo, sino con algo mucho más importante: lo que podemos ser como seres humanos que somos. Y esto hace que todas las noches me acueste satisfecho.

Con la auténtica confianza llega la verdadera libertad: la libertad de ser no sólo lo que realmente eres, sino de ser tan grande como puedas. No se trata de ningún tipo de baño caliente de los sentimientos, ni de fervor religioso fanático alguno. Lo habitual es que suponga una auténtica batalla para salirse de lo familiar y crecer hasta llegar a ser lo que uno puede ser. Hay momentos en que uno se da cuenta de que, en su viaje, traspasa el umbral de tales cambios.

Permíteme que te exponga uno de mis umbrales. Quizá te suene. Los Seminarios Docentes Internacionales —la organización que fundé para realizar esas sesiones de formación— progresaban, y quería ofrecer el paso siguiente de la formación avanzada. Reuní a los mejores formadores de todo el mundo, y juntos elaboramos un programa que fue muy bien recibido. Sin embargo, a medio camino empecé a sentirme insatisfecho de él. No eran los materiales; se trataba de los formadores. Al final tuve que aceptar el hecho de que yo tenía la culpa. Me había asignado el rol seguro, secundario y de escasa relevancia de patrocinador. Sí, hacía alguna actividad de formación, pero dejaba que los otros fueran los expertos. Pero llegó un momento en que tuve que aceptar que también yo era especialista, y mientras no aceptara el reto de proporcionar lo que sabía que ese programa podía ofrecer, no estaba tratando a las personas —ni a mi visión, ni a mí mismo— como se merecían. Tenía que dejar de refugiarme en la seguridad de aquel papel secundario y salir a escena. El momento de la verdad llegó una mañana mientras me duchaba, cuando supe que no tenía más opción que seguir de segundón o aceptar también un papel protagonista. Iba a asumir, para el resto de mi vida profesional, la responsabilidad de desempeñar un papel más público y de regirme por unos criterios superiores en todo lo que desarrollara a partir de aquel momento. Era una sensación extraña: me sentía reacio, pero también como si no tuviera más opción, si quería ser sincero conmigo mismo y con lo que me importa. En un instante, la frustración me hizo golpear fuerte con el talón el suelo de la ducha —recuerdo aún lo que sentía en aquel momento—, y luego se acabó. Diría quizá que fue como pasar de niño a hombre. Salí de la ducha hecho una persona diferente. Desde entonces vivo esa misión.

La misión está impulsada por la visión más amplia de que las personas realmente pueden tener en sus vidas mucho más de lo que les importa. La experiencia me dice que podemos empezar a configurar nuestro destino ajustándonos a lo que más nos interesa. Cuanto más claro he tenido lo que me importaba en cada momento, más fácil me ha sido vivir una vida plena y gratificante. He encontrado la forma de hacer lo que más deseo, y de ayudar a las personas a que lo hagan también. Y porque hago aquello de lo que más quisiera ver en el mundo, he podido hacer lo que considero más importante para mí —y ganarme la vida con ello y, de paso, sostener a mi familia—. Siento como si estuviera inmerso en algo más grande que yo mismo, algo que me ayuda a comprender mis experiencias, pero que también hace que mantenga los pies en el suelo, me gane la vida, pague la hipoteca y me asegure de que las personas que trabajan conmigo estén debidamente atendidas. A veces la gente me dice: «Bueno, es muy fácil hablar cuando uno se lo encuentra todo hecho». Lo que no saben es que empecé de hombre orquesta y sin dinero, viviendo en una habitación de una casa que no era mía. Cuando empezaba, la gente me decía que estaba loco si pensaba, en palabras de Benjamin Franklin, que «bien te irá lo que bien hagas».

No hay duda de que a las personas se les ha de ofrecer lo que quieren de forma que entiendan los beneficios que les va a reportar. Y esto es un aspecto del arte de conectar la visión de uno con las necesidades de los demás. Actualmente, gran parte de mi trabajo consiste en ayudar a las personas a dar con la forma de hacerlo, de modo que puedan labrarse un camino de éxito que sea la auténtica expresión de lo que más les importa.

Tener claro cómo quieres vivir no significa que, a partir de aquí, todo vaya a ser un suave discurrir. Personalmente, he vivido muchos altibajos a lo largo de los años. Cualquiera, por ejemplo, que haya dirigido una empresa sabe que uno aprende a esperar lo inesperado. Todos aquellos gráficos de crecimiento que muestran una línea siempre ascendente son pura ficción en el 99 por ciento de los negocios. Ni éstos ni la propia vida son así. Pero está bien. Esas caídas pueden humillarnos, sí, pero también son importantes para pasar al siguiente nivel de aprendizaje de nuestra propia evolución.

Neil Sedaka tenía un enorme éxito entre los adolescentes de Estados Unidos, hasta que llegaron los Beatles. Entonces, de la noche a la mañana, simplemente se le agotó el trabajo. Deprimido, decidió arriesgarse, y se fue al Reino Unido, donde acabó por tocar en clubes para trabajadores del norte. Decía de su trabajo que era «muy humillante». Pero aquella experiencia le propició un encuentro con 10cc, aquel grupo de rock inglés que vivió sus días de gloria en los años setenta, y sacó un álbum, y después otro. Elton John supo de su existencia. Se puso en contacto con Sedaka y grabó un tema con él, lo incorporó a su nuevo sello Rocket, y lo relanzó en Estados Unidos, donde por entonces Elton John era el no va más. No fue precisamente una línea progresiva y ascendente constante. ¿El marco temporal? ¡Diez años en el páramo!

Reconocer que el Viaje es un auténtico camino largo y sinuoso (el *long and winding road* de los Beatles) forma parte del arte de vivir con confianza. Saber que quizá no comprendamos qué demonios es eso de avanzar, ni cómo hemos llegado a donde nos encontramos: también esto forma parte del Viaje. Parte también del arte de sentirse seguro de uno mismo es no tener necesidad de engañarse y pensar que lo tenemos todo controlado. El cuadro completo no deja nunca de desplegarse, y en cierto grado seguirá siendo siempre un misterio.

Ser capaz de vivir sin saber, pero sin dejar de empeñarse en comprender es el signo distintivo de toda persona que realmente quiera ganar confianza. Permíteme, pues, que acabe de momento con mis tres deseos para ti:

- No te quedes estancado en el éxito que puedas vivir en estos momentos.
- Recuerda que hay mucho más de lo que podemos abarcar.
- Y ten confianza para abrazar la vida y dejar que te dé sus lecciones.

Notas

1. Po Bronson, «How not to talk to your kids: The inverse power of praise», *New York Magazine,* 19 de febrero de 2007.
2. Martin Seligman, *Authentic Happiness: Using the New Positive Psychology to Realise Your Potential for Lasting Fulfilment,* Nicolas Brealey Publishing, 2003. [Hay trad. cast.: véase «Bibliografía».]
3. Albert Ellis, *How to Make Yourself Happy and Remarkably Less Disturbed,* Impact Publishers Inc., 1999. [Trad. cast.: *Ser feliz y vencer las preocupaciones,* Ediciones Obelisco, Barcelona, 2003/2007.]
4. Mika Kivimaki, «Optimism and pessimism as predictors of change in health after death or onset of severe illness in family», *Health Psychology,* vol. 24 (4), 2005, págs. 413-421.
5. L. G. Aspinwall y U. M. Staudinger, «A psychology of human strengths: Some central issues of an emerging field», en Aspinwall y Staudinger, eds., *A Psychology of Human Strengths: Fundamental Questions and Future Direction for a Positive Psychology,* American Psychological Association, 2002. [Trad. cast.: *Psicología del potencial humano: las preguntas fundamentales y las orientaciones futuras para una psicología positiva,* Gedisa, Barcelona, 2007.]
6. R. Stewart y cols., «Dental health, vascular status, and risk of dementia: The Goteborg women's health study», reunión de la International Society of Vascular Behavioral and Cognitive Disorders, 11-14 de julio de 2007, San Francisco. Programa final. Resumen P-8. Sok-Ja Janket, «Poor oral health linked with coronary heart disease», *Journal of the American Dental Association,* vol. 135 (4), 2005, pág. 416.
7. Daniel Gilbert, «What you don't know makes you nervous», *The New York Times* (Opinionator blog, online), 6 de mayo de 2010.
8. Ronna Romney y Beppie Harrison, *Giving Time a Chance: The Secret of a Lasting Marriage,* Bantam Books, 1985.

Bibliografía

Son muchísimos los libros que tratan de la confianza y la seguridad en uno mismo, por lo que el propósito de esta bibliografía es darte algunos puntos de referencia por si quieres estudiar con mayor detalle y de forma práctica algunos de los temas que hemos tratado.

Campbell, Joseph, *The Hero with a Thousand Faces,* New World Library, 2008. (Primera edición: 1949.) [Trad. cast.: *El héroe de las mil caras,* Fondo de Cultura Económica, Madrid, 2005.]

McDermott, Ian, y Wendy Jago, *The Coaching Bible: The Essential Handbook,* Piatkus, 2005.

— *The NLP Coach: A Comprehensive Guide to Personal Well-being and Professional Success,* Piatkus, 2002.

— *Your Inner Coach: A Step-by-step Guide to Increasing Personal Fulfilment and Effectiveness,* Piatkus, 2004. [Trad. cast.: *Tu coach interior: una guía paso a paso para conseguir tu realización personal y descubrir todos tus recursos*, Urano, Barcelona, 2005.]

McDermott, Ian, e Ian Shircore, *Manage Yourself, Manage Your Life: Simple NLP Techniques for Success and Happiness,* Piatkus, 1999.

Passmore, Jonathan (ed.), y cols., *Excellence in Coaching: The Industry Guide,* Kogan Page Ltd., 2006.

Reivich, Karen, y Andrew Shatté, *The Resilience Factor: 7 Keys to Finding Your Inner Strength and Overcoming Life's Hurdles,* Broadway Books, 2003.

Romney, Ronna, y Beppie Harrison, *Giving Time a Chance: The Secret of a Lasting Marriage,* Bantan Books, 1985.

Seligman, Martin, *Authentic Happiness: Using the New Positive Psychology to Realise Your Potential for Lasting Fulfilment,* Nicholas Brealey Publishing, 2003. [Trad. cast.: *La auténtica felicidad,* Ediciones B, Barcelona, 2005.]

Stanley, Thomas, y William Danko, *The Millionaire Next Door: The Surprising Secrets of America´s Wealthy*, Simon & Schuster, 2000.

Weil, Andrew, *Spontaneous Healing: How to Discover and Enhance Your Body's Natural Ability to Maintain and Heal Itself*, Sphere, 2008. [Trad. cast.: *La curación espontánea: descubre la capacidad natural de tu cuerpo para conservar la salud y curarse a sí mismo*, Urano, Barcelona, 1995.]

Recursos

El Instituto de la Confianza *(The Confidence Institute)*

El objetivo del Instituto de la Confianza es que toda persona se pueda sentir más segura de sí misma en los ámbitos personal y profesional. Para cumplir su cometido, el Instituto ofrece técnicas prácticas que se pueden aplicar de forma escalonada y rápida en programas fácilmente accesibles.

El Instituto dispone de cursos de nivel elemental y superior, que van acompañados de diversos programas digitales *on line* y materiales de aprendizaje a distancia. De esta forma, el Instituto puede proporcionar una formación de bajo coste, tanto en seminarios personales como *on line*, a cualquier persona que lo desee y en cualquier parte del mundo que se encuentre.

El Instituto también ofrece cursos presenciales de construcción de la confianza dirigidos a equipos, que se centran en aplicaciones a sectores concretos, pero abordan también temas comunes relativos a la confianza, por ejemplo el de hacer presentaciones con mayor confianza.

Se puede visitar: www.confidence-institue.com.

Seminarios Docentes Internacionales *(International Teaching Seminars, ITS)*

Los Seminarios Docentes Internacionales han sido la sede del Coach con PNL durante diez años. Dados sus resultados prácticos, por los ITS pasan muchas de las principales figuras de este campo y cuentan con el reconocimiento de centros de prestigio (por ejemplo, la Henley Business School) como uno de los mejores enclaves para la formación.

Si quieres estudiar cómo cambiar personalmente de forma rápida, o conocer las aplicaciones de la PNL a la salud, ponte en contacto con los ITS para informarte de cómo conseguir un coach en PNL debidamente formado.

O si lo que buscas es una formación profesional, puedes seguir un curso de «Formación Profesional en PNL», donde aprendas a sacar el máximo rendimiento de tu actuación y a obtener también lo mejor de los demás.

Los Seminarios Docentes Internacionales son una organización que cuenta con el certificado ISO 9001 y a la que se reconoce internacionalmente como proveedora de formación en PNL, acreditada por la International Coach Federation (ICF), la organización mayor y de más prestigio de las que supervisan los niveles de calidad del coaching del mundo.

Si quieres más información sobre las posibilidades del coaching y la formación, puedes visitar www.itsnlp.com o llamar al +44 (0)1268 777125.

Aprendizaje a distancia

Hay una serie de CD para el aprendizaje a distancia. Se proporcionan en colaboración con los Seminarios Docentes Internacionales. Entre ellos está el Programa de Desarrollo Personal *(Personal Development Programme)*. Este paquete de seis CD y manual se centra en las tres dimensiones fundamentales de liderazgo, la gestión de personas y la presentación.

Actualizaciones gratuitas

Si quieres recibir información detallada sobre nuevos productos *on line* y programas de formación, puedes dejar tus señas en www.confidence-institute.com o llamar al +44 (0) 1268 777125.

Índice analítico y de nombres

Nota: Los números de página en negrita se refieren a diagramas.